U0404918

互联网+与企业创新

教练管理

激活组织的新范式

A Coach-way Management

New Paradigm for Activating Organizations

周华宏／著

复旦大学出版社

A Coach-way Management

目 录

管理始于你（代序）

一

回顾过去一个世纪的历史，对人类社会影响最重要的社会现象是什么？可能不是电脑、互联网等技术的流行，而是20世纪上半叶公司的兴起。伴随着公司的出现和发展，出现很多企业，从而产生对企业管理的实践和研究。

目前中国正处于改革开放的关键时期，随着企业外部环境的迅速变化，大量的企业需要从过去单纯靠低成本的劳动密集型转而成为依靠新技术、新知识驱动的智慧性企业；从过去单一的企业组织形态逐步发展成为互联网时代的合作共赢的生态组织形态。中国企业的管理思想和管理模式也同样需要与时俱进，需要从过去科学管理的效率中心、目标管理的绩效中心模式，迅速转换到教练管理的人才发展模式。

教练管理作为一种划时代的新型管理模式，它结合管理和教练两者的精华，通过“行动，对话、学习”的管理技术，有效地激励员工、整合资源、创新行动。它的重点在于唤醒员工深层责任感和激发员工的内在潜能，帮助员工及时调整到最佳状态去创造成果，从而提升组织的核心竞争力，使互联时代的新企业立于不败之地。

教练管理将体育教练对运动员的激励、训练、反馈等方式系统性地运用到企业管理领域中来。教练的过程不仅是实现一个目标的过程，同时也是一个挖掘运动员、团队最大潜能的过程，它既着重于目标的实现，也着重于运动员、团队在实现目标过程中的成长。教练与员工之间在深层次的信念、价值观和愿景方面相互联结形成了一种协作伙伴关系。

教练让员工看到自身的盲点和潜力，也让员工认清自己在组织中的位置以及应当发挥的作用。教练认为，人不仅是一种资源，更是企业最宝贵的资本。当人的能力和素质得以提升的时候，企业的资本就会加倍增值。教练文化以人为本的目的就在于通过充分激发人的潜能提高生产力，促进企业的高速发展。

在企业实践中产生的教练管理，它的本质是以人为中心，通过更高更快更强的绩效精神来充分地挑战人和发展人，在教练过程充分体现对人性的尊重，关注人的存在，企业已经不再是单纯工作求生存的场所，更是一个人借以体现人生价值和社会价值的地方。

二

在近二十年的企业管理咨询和实践中，我接触了数以万计的企业管理者，在与他们的交流和对话中，我深深地感受到：企业真正需要的不是管理技术，而是一种管理思想，一种管理模式！

大量企业发展遭遇瓶颈乃至失败，根源于企业家和管理者对管理的认知和假设已经无法跟上时代的进步和发展。过去的三十多年，中国企业家更多地以利润为导向，以个人利益为追求，这种以利己为出发点的模式极大地推动了个人财富的增长。然而，企业要想进一步发展，单纯依靠个人力量、依靠个人英雄主义的情结已经显得十分乏力，越来越难带动企业的持续发展。

特别是在今天，外部环境瞬息万变，高成本时代来临，竞争空前激烈，过去靠单纯投资或“以钱生钱”等粗放式经营理念已遭遇到巨大挑战。让我们环顾四周，企业的经营环境已经发生了巨大的变化。企业的下一步发展，路在何方？

作为一名企业教练，我每天都在思考这个问题：下一个10年、20年，企业该怎么发展？

今天，几乎所有的企业都在谈转型。可是，转型转什么？怎么转？难道只是业务转型、地域转型、价值转型吗？

我看不尽然。我的观点是真正的转型必须是管理的转型。是对管理认知的转型，是对人性认知的转型，我始终认为企业绝不只是追求利润的机器。企业家需要从深层去反思自己的创业动机，应该从利己求生存、个人财富最大化、以小博大、少劳多获等舒适区思维转向利他长久，为团队、社会甚至为全人类创造价值，踏踏实实地工作和学习。

在企业家自身转型的背后是管理理念的转型。从过去的内在优越感、无意识的骄傲、自我中心、等级观念、以资本为中心、以成败论英雄、结果导向、家长式的管理方式中脱离出来，能够勇敢去面对自己和现实，那就是人性的回归，也是企业新生的起点。

三

中国企业和西方企业的历史阶段虽然不同，但有一点是相同的，那就是中国的管理理论大大落后于中国企业的发展。面向未来，我认为每个企业家和经理人都需要深度反思，反省自己的创业动机和管理哲学。

从根本上讲，一个企业赖以解决问题的决策，往往是产生困境的原因。如果只是对企业的问题做表面的改进，而其内在的原因依然存在，最后必然以失败告终。反之，企业只有着力于解决问题的根本原因而不只是表面现象，企业才会脱颖而出。这就是我写本书的目的。

我深信管理的本质是激发员工内在成长动机，从“你让他做”到“他自己愿意做”。管理者首先是要自我激励、通过自我反省，持续成长，找到自己工作的激情，同时唤醒员工的内在责任感和主动负责任的精神，由员工自己设定挑战性的目标和采取高价值的行动。管理者最需要提升的是高效对话的能力，通过建立在信任关系的基础上的高效对话，持续激发员工的潜能。教练在帮助员工的同时也在持续提高自身的反省和觉察能力，通过反省自己的出发点、意图和动机，将心比心，去感受员工和客户的感受，从而升华自己的灵魂，磨炼自己的心智，唤醒自己的良知。

如此，企业管理必将进入全新的世纪！

A Coach-way Management

绪　论

本书想要传达的一个基本思想是：一个企业、一个国家、一个社会或者任何一个组织的成长过程，“人”在其中始终处于中心地位。管理的作用就是为其中“人”的成长和发展提供一个良好的环境，包括制度环境和文化环境。

本书的背景是全球化视角下的企业竞争以及中国经济高速发展、36 年企业的快速发展给企业管理者所带来的管理困惑与挑战。

第一章主要写管理的困境，其中包括企业管理的困境和管理者的困境。企业管理的困境主要来自企业经营环境的快速变化、企业管理实践的快速发展与传统企业管理理论的脱节构成矛盾，传统管理理论的基本假设已经很难指导企业的现在和未来的发展，时代的发展呼唤新的管理理念的产生。

虽然早在 1911 年泰勒的《科学管理》就已出版，到 1954 年德鲁克的《管理的实践》奠定了现代管理的基础，但本书仍然是第一本把教练和管理相结合的著作，是首次从“人的成长与发展”的视角来说明管理的内涵和管理者的责任。

“人”既是企业的基本组成细胞，也是企业生存和发展的根本。长久以来，管理者往往把“人”作为资源进行管理，而忘了“人”的独特性，它区别于企业的其他资源如机器、资金、设备、厂房等，“人”对于自己是否努力工作，握有绝对的自主权，也就是说，作为“人”，唯有这个人本身才能充分自我利用、发挥所长。这要求我们必须把“人”当“人”来看待，重视“人性”，面对现实：员工的工作动机决定了员工的产出。一个人的“发展”无法靠外力来完成，每个人的成长往往必须由内而外，因此，管理者的工作就必须是鼓励和引导个人的成长，否则就无法充分发挥“人”的特长。

人类在群体中工作，团队是企业运作的基本单元。团队形成的重心在于完成的任务上。群体的关系会影响任务，而任务也会回过头来影响群体中的人际关系。也就是说，工作的组织方式必须设法让个人所有的长处、进取心、责任感和能力，都能对群体绩效和优势有所贡献。这就需要管理者激励和挑战员工，要求管理者转换为教练，帮助员工更加积极投入，愿意接受改变，改变他们的工作、习惯和群体关系。

管理者的困境主要来自企业发展和管理者自身发展速度的不平衡，要么是企业发展很快而管理者的成长跟不上，要么是管理者善于学习而企业却无法同步发展。管理者需要发展出新的角色和能力——管理者不再是单纯在前面领路，扮演无所不能的英雄式的领导，而是转化为支持和挑战的教练式领导者，从而构建一个员工自我管理和自我成长的平台，这样领导者就不会因为自己的成长速度而成为企业发展的瓶颈。

第二章主要写的是教练管理的理念，阐述了教练管理的核心思想是员工自主、领导者成为教练、企业构建员工与领导者共创共长的生态环境。员工自主意味着员工的自我管理。每个人都有自己的目标和利益诉求，同时，每个人都离不开他人的合作和协助，教练管理就是帮助员工从自我中心达到合作和互助。

企业经营的目标就是要创造巅峰绩效，这一过程也是管理者和员工创造价值与自我实现的过程。当管理者的角色转型为教练时，他便获得了全新的视野：教练不仅关注绩效，更关注人的成长和发展。当人在成长时，人的潜能被不断开掘、发挥，企业绩效才可以持续下去。教练管理最有价值的理念之一是：每个管理者都要努力把每个人放在最适合的位置上，让每个人的才能都得到充分展现。

员工的情绪、能力和态度的差异会很大程度地影响工作的产出和绩效。经验显示，一个人擅长的事情通常就是他想从事的工作，工作意愿通常都基于工作能力。因此，所有的企业都应该把员工工作安排当成头等大事，管理的基本任务是激发员工的工作动机和参与感，唤起他们的工作欲望。

新科技的出现和互联网的发展让企业遭遇了有史以来最大的危机。技术不仅在相当程度上颠覆了传统产业，甚至消灭了一些职业、工种和岗位，而且让传统的商业逻辑和管理理念迅速过时。互联网时代，一个最为紧迫的课题是：企业的核心竞争力来源是什么？我认为，员工的持续成长是互联时代的企业竞争力之源，教练管理则是最好的管理方式，因为它的唯一目的便是员工成长，它相信并恪守三项基本原则：立己达人；成人成己；分享共创。

第三章主要写的是教练管理思想下管理者领导力的发展实践，包括领导自己、领导团队、领导组织的螺旋上升过程。教练管理强调分权的重要性；从基于职位的权利转向基于绩效的权利；资源的分配市场化，谁用资源谁付费；同时决策从少数的管理者转向一线员工。这在组织结构意味着从集权走向分权，业务单元小型化，同时共享职能部。各事业部、业务单元有着自己各自的细分市场和目标客户群，有着自己的独特的价值主张和核心技术，同时有着各自团队奋斗的使命和目标，并有权基于市场和财务目标进行决策，并在组织内部和组织之间形成竞争合作从而带来绩效的增长。这样，每个人都有机会经历从领导自己、领导团队到领导组织的整个过程，每个人都相当于内部创业者，每个人都有着创新和企业家的精神，于是伴随着这个过程绩效与人才得以同步发展。

我认为，决定企业未来的主要有两个东西：第一个是理念。所谓理念就是管理的基本认知，比如我们相信什么、不相信什么；第二个是领导力。所谓领导力，就是企业中每个人的内在的主观能动性和影响力。

不同的时代有着自己不同的管理理念，本书包含以下基本管理理念：管理的本质是激发；关系决定生产力；环境塑造人；绩效＝战略×领导力；“共识”比“对错”更重要；关注机遇比解决问题更重要；沟通方式比沟通内容更重要；通过“事”来成就人，而不是通过“人”来完成事，“人”是主体等。此外，本书中所讲的领导力并非只是高层管理者的领导力，而是所有人的领导力，也即每个人都需要发展自己的领导力，从过去单纯依赖少数人领导转化为人人都是领导的生机勃勃的局面。

本书的主要对象是成长型企业的企业家、董事长、总经理、高层经理、管理专业的学生或成熟的管理者或立志成为管理者的年轻人。写这本书的初衷就是希望用通俗易懂的语言把管理，特别是企业管理中一些基本概念和实践讲清楚，以协助人们为更好地管理做准备，同时即使是忙碌的企业人也能在有限的时间抽空读完。如果本书能对你有所帮助，我就很欣慰了。

第一章

管理的困境与挑战

外部环境快速变化所带来的不确定性、经济减速带来的无序竞争、资本的重新洗牌对原有行业带来的巨大冲击、日新月异的技术升级、破坏性的模式创新、话语权的悄然转移、消费者的用脚投票、商业模式的变化万千、生产者与消费者的边界消失、渴望自主的员工觉醒、人才的跨行业流动、竞争对手的弯道超车……

企业管理该何去何从？是现代管理 MBA 课程或遍地都是碎片的公开课还是夸夸其谈的纸上谈兵？如果是这样，那危机就不远了。因为传统管理理念已经与现代商业环境严重脱节，传统管理模式已经难以为继，它们仍有“权威”，却未必有效，因为它们忽略甚至压制了 21 世纪最重要的资源——员工的无限创造能力和激情。

管理亟待创新。

1.1 管理的困境

管理的本质是“激发”。

从管理的三个基本因素，管理对象、管理关系、管理目标的角度来说，企业要成长、经济要发展，归根结底首要的任务是要充分发挥“人”

的主观能动性。不受激励的员工是公司最大的成本，当下企业管理遇到的最大问题是，“人”没有被激发，结果是企业家纠结、管理者忙碌、员工不开心。究其根本，主要有三个原因：管理理念滞后，管理理论与实践相脱节，管理方法不系统。

管理理念滞后。今天管理面临的各种复杂问题，企业之间的争斗以及企业内部的冲突，在很大程度上都是源自工业时代根深蒂固的心智模式以及由此主导的管理体制，把鲜活的系统当成冰冷的机器，过于用理性和逻辑去预测和控制，而忽略了心与物的平衡、事与人的共存。

可以说，管理理念的落后首先体现为我们对管理的基本认知：你是把企业作为人类的社区，还是把企业看成赚钱的机器？虽然每个人都会谴责后者，但我们当代的语言和管理实践，却说明着另一种情况。实际上，机器的形象充斥于管理行话。我们的经理人“运行”一家公司，我们的企业家“掌控”一家企业等，与工人操控机器没有什么两样。把企业看成机器，把管理者看成工程师的观点，当用在人类社区时，就有点问题，人们似乎根本没有意识这些语言背后隐藏的价值观。你可以“驾驭”一辆车，但如果你试图“驾驭”你的员工、配偶或青春期的子女，会发生什么？德赫斯对长寿公司的研究结果表明，长寿公司有一些共同的特征，即公司更倾向于把自己看成是人类社区，而不是金融财务机构。这些公司，对“自己是谁”有一种认同感，超越了它们所做的事，这使它们有能力去进化、去适应、去学习。

管理理论与实践相脱节。任何学科的建立必须有其假设和前提，这些前提能否得到检验是一门学科存在和发展的基础。管理实践活动的丰富多彩，已使得管理理论相形见绌。

企业管理理论的发展远远落后于企业业务的发展和经济的发展。中国自1983年在大学开始设立有关管理学的专业，1992年开始设立工商管理硕士课程（MBA），2002年高级管理人员工商管理硕士课程（EMBA）获得批准，有关管理知识和概念的普及教育如火如荼在中国大地展开。然而，很多公司随着外部环境的变化，享受着政策的红利，无意中成功了，开始飘飘然，却根本不知成功的原因在哪里，一旦环境和政策变化了，又稀里糊涂地失败。关于企业实践中的很多困惑，鲜见系统的反思和总结。

管理方法不系统。1602年，荷属东印度公司，第一家被广泛认为的“现代企业”颁发了世界上第一个股权证书，在随后300年的历史沉浮中，企业的发展就好像野草一般蔓延。这一过程也伴随着管理认知和管理方法的积累和系统化。

但对于中国企业来说，管理认知和管理方法令人担忧。很多企业家和管理者对管理的认知非常碎片化，没有体系和结构，无法找到这些知识之间的内在逻辑，在碰到困难或挑战时一筹莫展，更不用提活学活用了。或者，只是把管理理解为技术、市场、营销、品牌、财务、人力资源、流程等模块化的专业知识，或靠自己在实际工作中的直觉和片面的经验行事，几乎无法真正理解管理的内涵。管理方面的先天不足，已经严重阻碍了中国企业的发展。

要想突破管理困境，所有的管理者都必须思考：管理的根本任务是什么？我认为管理就是通过他人并和他人一起完成组织目标的过程。1984年斯蒂芬·罗宾斯在他的《管理学》教材中曾说，管理这种活动已经存在了几千年。埃及的金字塔和中国的长城表明，几千年前，人类就能够完成规模浩大的、由成千上万人参加的大型工程。建筑一座金字塔要动用十万人下二十年，其中谁来吩咐每个人该干什么？谁来保证在工地上有足够的石料让每个人都有活干？答案是管理①。但管理者的根本任务是什么呢？《圣经》中有这样的描述，其中摩西的岳父对他说：

> 你这种做事的方式不对，你会累垮的。你承担的事情太繁重，光靠你个人是完不成的。现在你听我说，我要给你一个建议……你应当从百姓中挑选出能干的人，封他们为千夫长、百夫长、五十夫长和十夫长，让他们审理百姓的各种案件。凡是大事呈报到你这里，所有的小事由他们去裁决，这样他们会替你分担许多容易处理的琐事。如果你能够这样做事，那么你就能在位长久，所有的百姓将安居乐业。

可见，管理思想源远流长，而企业管理的思想则在20世纪才逐步成形。20世纪前半期是一个管理思想的多样化时期。每一种管理思想都与它的管理对象和管理情境有关，其间的差异反映出研究者不同的背景和兴趣。正如寓言盲人摸象所喻示的，不同的人对大象有不同的认知，取决于他们各自所站的位置。管理亦是如此，每种观点都有其合理性，为我们理解管理作出了重要贡献，但也都有其局限。

不管怎么说，管理的根本任务是提高生产力。没有生产力的提高，一切管理都是苍白的。当然，关于什么是生产力和如何提高生产力的认识，随着环境的变化也在不断升级换代。在我看来，有三种管理思想不得不提，这就是：科学管理、目标管理和教练管理。

科学管理时代，生产力指的是体力劳动的生产效率，科学管理的贡献

---

① 斯蒂芬·P·罗宾斯：《管理学》，中国人民大学出版社2003年版，第6、24页。

是，通过作业标准化和额定工时等一系列科学管理方法把体力劳动工人的生产效率提高了50倍。

目标管理时代，生产力是指脑力劳动者的生产力，随着工人重复性的劳动逐步被机器和电脑所取代，工人逐步成为脑力劳动者，如何激发脑力劳动者，提高脑力劳动者的工作效率成为管理的重要命题。目标管理的贡献在于通过目标和人的结合，围绕事先设定的目标，帮助知识工作者进行自我管理，从而让知识工作者的效率提高数倍。

教练管理是在科学管理和目标管理的基础上，重新定义了生产力的来源，认为关系就是生产力。因此，通过重塑管理者和被管理者之间的关系，通过互动和高效对话来激发双方的潜能可以创造无限价值。

1.1.1　科学管理

尽管现代管理的具体起源时间不是非常详细，但大家都把弗雷德里克·泰勒看成管理的鼻祖、科学管理之父。1911年，他的《科学管理原理》作为管理理论划时代的著作，阐述了“科学管理”理论——一种应用科学方法确定从事一项工作的“最佳方法”。

泰勒大部分工作生涯是在宾夕法尼亚州的米德韦尔和伯利恒钢铁公司度过的。作为一位有着清教徒背景的机械工程师，他始终对工人的低效率感到震惊。他坚持认为效率来自精确地知道所分配的工作，并以最好和最省力的方式来实现，于是，他花了20年时间以极大的热情寻求从事每一项工作的“最佳方法”。

泰勒一生的激情就是减少浪费。他相信一种实证的、基于数据的方法能进行工作设计，从而大大提高生产率。他研究浪费的动作、错误的设计、不现实的标准、工作要求与员工能力的不匹配，与错位的激励制度等作斗争。其中包括改进操作方法以提高工效，并以合理利用工时为目的。或许最著名的科学管理实例莫过于泰勒的“生铁装运试验”和“铁锹大小试验”。按照工作要求选择合适的工人并使用正确的工具，同时让工人严格遵循他的作业指示，以及通过大幅度提高日工资这种经济刺激手段，泰勒大幅度提高了工人的生产效率。

泰勒对经济增长和管理的贡献，被一百多年来工厂生产效率的提高这一事实所证明：从1890年到1958年，美国制造业每人/时的产出提高了50倍。但要注意的是，科学管理的背景是人工成本和材料占主要成本的管理状况，而且花费6个月甚至更多的时间研究一项工作的最佳方法（如泰勒的生铁试验），只是对许多人从事同一种工作或劳动密集型工作程序才有意义。

1.1.2 目标管理

随着生产的大规模发展，很多重复性的例行工作都由自动化工具和半自动化工具来做，工人的活动有了很大的变化，主要是从事机器的安装、维修和控制等，人工成本已经不再是管理的主要成本，而且员工的工作也逐步从体力劳动转化为脑力劳动。

如何进一步提高组织效率，释放生产力？1954年，德鲁克在《管理实践》一书中首次提出了目标管理（MBO）。目标管理是使管理者与员工在工作中实行自我控制并达到工作目标的一种管理机制。

与科学管理相比，目标管理关注的是组织的绩效。泰勒关心的是车间层的管理、采用的是科学方法；而德鲁克关注的是企业组织，观察企业家和管理者的活动，采用的是实践的经验主义方法。

德鲁克将管理实践看作有别于会计、财务、生产、分销和其他典型生意职能的一种功能。他强调管理是一种实践。目标管理综合了以工作为中心和以人为中心相结合的管理机制，能使员工发现工作的兴趣和价值，从工作中满足其自我实现的需要，企业的目标因而也同时实现了。这样就把工作和人的需要统一起来了。

与科学管理不同，目标管理的最大优点是自我控制的引入。自我控制意味着更强的激励，一种要做到最好而不是敷衍了事的愿望，它意味着更高的成就目标和更广阔的眼界。目标管理的主要贡献之一就是它使得我们能用自我控制的管理来代替由别人统治的管理。与科学管理相比，目标管理不仅需要体力更需要能力，强调思考和创造性、自己参与制定目标、有很强的责任心和主动积极性。

目标管理可以描述为如下的过程，一个组织中的上级和下级管理人员一起制定共同的目标，同每一个人的应有成果相联系，规定他的主要职责范围，并用这些措施来作为经营一个单位和评价其每一个成员贡献的指导。

目标管理分为三个主要阶段：制定目标；过程管理；对成果进行检查和评价。目标管理的好处是让员工对自己进行自我控制，但在目标管理阶段，由于过于重视行为的改变使得管理者与雇员之间的关系变得非常棘手。目标管理的处理方式是按照工作表现进行奖励或者惩罚，这是管理者手中用以规范雇员行为的唯一工具。大多数企业都有这种定期的业绩考核，来确保雇员会因为自己的表现而得到适当的回报。

因此，过度看重目标管理，将会给管理者和被管理者双方都带来很大的压力，特别没有完成所带来的后果，最终的影响是“成也目标、败也目标"。由于很多人错误地把成功与目标等同起来，“成则为王、败则为寇”，达成目标就是成功，没有达成目标就是失败，这导致了为达成目标甚至不择手段。让我们来一个案例：

> 一次在中国北京首都机场，IBM 笔记本电脑着火了。大家知道，IBM 几乎是电脑的代名词，提到电脑就必然想到 IBM，但现在 IBM 电脑却在如此重要的场合出现了着火这么严重的问题。到底是哪个环节出了问题？经过多方查证，最终的结论是电池的质量问题引起的着火现象，再经过追查，确认是 SONY 的电池出现了质量问题。
>
> 现在的问题是，将质量视为生命的日本 SONY 公司，怎么会出现这么大的质量纰漏？20 世纪六七十年代，日本电器可是质量的代名词，到底是哪里出了问题？SONY 公司专门成立调查小组进行了为期三年的调查，最终确认是质量管理问题。而这个问题的起因居然是目标管理。因为他们采取了目标管理的办法，设定了目标达成的奖惩制度，导致工序中的员工当发现问题时，由于害怕惩罚，即达成目标意味着加薪和晋升，而没有达成目标意味着失败、减薪或辞退，在这样的“背景”下，员工心里充满压力，最后选择了发现问题没有汇报，从而酿成了大祸。

这个案例给了我们一些什么样的启示呢？也就是说过于目标导向会给管理带来不必要的负面影响，让我们来看看在过于目标导向的压力下人们通常出现的四种负面表现（图 1－1）。

“忙碌奔波”型。牺牲眼前的幸福，为的是追求未来的目标。这种人通常是人们心目中的榜样或成功典型，他们可能自己也不知道为什么这

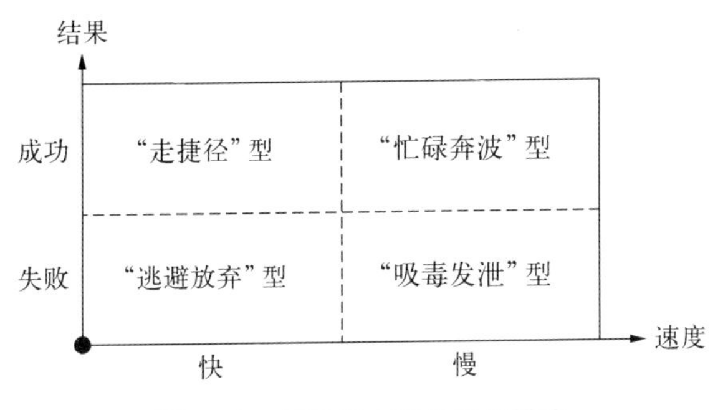

图1－1 目标压力下的反应模式

样，也许从小的时候，他忙碌奔波的一生就开始了。在他们的内心深处，始终有一个根深蒂固的观念：“一旦目标实现，就会开心快乐。”他们错误地认为成功就是达成目标，坚信目标实现后的放松和解脱即幸福，因此，他们不停地从一个目标奔向另一个目标。可是，当这一天真的来临，他并没有感到丝毫的快乐，反而，熟悉的焦虑又卷土重来……

“走捷径”型。为达成目标不择手段。如果仔细观察，你会发现工作中有很多人订立了目标，一看达不到，便产生了压力，那怎么做呢？为了达成目标，违规操作、破坏规则、牺牲环境，利用他人、不讲信用等等。最终看似目标达成了，却给整个公司、环境以及其他人带来了不利的影响。

“吸毒发泄”型。及时行乐，逃避痛苦。他们注重的是眼前的快乐，不为任何可能发生的负面后果而担忧。很多人设定目标后，并没有真正努力去实现，结果目标没有达成。他们只看重眼前，短暂的快乐有时会让他们失去理智，就像吸毒一样。他们把注意力放到当下，用各种看似解压的方式来麻醉自己，享受毫无目的的人生，起初他们认为这样是快乐的，可时间长了，他们的内心就充满了厌倦和不快……

“逃避放弃”型。既不享受眼前的事物，对未来也没有任何期望。他们沉迷于过去，放弃现在和未来。这些人在设定目标后，曾经努力过，过程中可能遇到了各种各样的困难，结果没达成。他们就陷入了目标没达成的失败阴影下，无法走出。他们活在自己编造的故事中，于是，一旦重新设定目标后，心中那个失败的“故事”又卷土重来，他们感到无助，索性选择放弃。

在很多实行目标管理的公司中这些情况比比皆是，而且有愈演愈烈。那如何才能从根本上解决由于目标所带来的心理“压力”和人际“冲突”呢？是时候重新反思管理模式了。

1.1.3　教练管理

教练管理是在目标管理的基础上进行突破和升华，教练不只是关注目标，更关注达成目标的当事人的内心感受。教练通过与被教练对象（个人或团队）建立双向的教练关系，并运用高效对话来激发员工潜能，优化团队内外资源，创造更大的成果。教练管理不仅关注工作成果、组织效率，同时关注“人”的内在感受和成长。

教练管理对“人”的特别关注，其根基还要回溯到几十年前甚至几个世纪前。事实上，追求生活质量的提高、个人发展以及对生命意义的探讨是从中国古代就已经开始了，一以贯之的原则是：不再局限于满足温饱，而开始关注更高层次的需求，比如自我实现、成就感、精神上的相通等。

教练管理建立在人本心理学的基础上。与冯特、弗洛伊德、华生和斯金纳的行为主义心理学不同，他们将人的行为视为条件反射的结果；人本心理学则强调个人成长以及存在感和个体经历，强调人作为社会生物时社会关系和人际关系的重要性。比如，人本主义心理学大师罗杰斯认为员工是有能力自己找到解决方案的，他引入了无条件正向关注的概念，包括深度倾听的价值、共同创造的教练空间、员工导向的过程以及认为教练是帮助员工探索的同伴的理念。

在教练管理中，教练更加关注员工的内在感受以及员工关系（图1－2）。教练管理相信，提高员工的内在成就感是管理者的重要职责。而个人潜能只有通过团队合作才能释放出来，否则永远是一种潜能。教练的任务是激发和协调群体的努力，管理者和员工之间是合作者，是共同群体的一部分。管理者应当更多依靠自己的知识、智慧、情感去领导下属，而不是依靠他的职务的正式权力。

图1－2　关注人的感受

教练管理认为，组织是由相互作用的社会关系的人们组成，教练的主要作用是在沟通和激励方面尽最大努力。教练必须审视内外部环境，然后调整组织以保持与环境的平衡。团队对个人的行为有巨大影响，团队工作标准规定影响着个人的产量。在决定产量方面，金钱因素比团队标准、团队情绪和安全感的作用要小。

教练的权威来自下属接受的意愿。没有天生就是权威的人，有的只是他的权威被承认的人。行为与情绪是密切相关的，惩罚是滞后的，因为事情已经发生。教练相信人们能够自我管理、愿意承担责任以及把工作看作休息和玩一样自然。教练相信自我实现是人类生存的最高需要，管理者要帮助员工消除自我实现道路上的障碍。

尽管目标管理比科学管理更进一步，但仍然通过目标这样一个客观理性的“事物”（如 KPI 指标）来实现员工的自我管理，在某种程度上延续了将员工视为“物”而非“人”的逻辑。员工毕竟是有血有肉的人，他们要的绝不仅仅是冰冷的数字，而是数字背后的深层意义。随着员工自我意识的觉醒，员工要的是一种尊重、一种自由、一种自我实现，而不希望管理者总是把自己当被管理的对象，就像孩子不希望父母永远将自己当作孩子。

教练管理模式中重要的是管理者和员工关系的变化，管理者再也不是始终高高在上的命令和指手画脚，管理者的角色和作用被重新定义，从过去的命令、控制逐步转向支持、帮助、鼓励等。

让我们来看看教练管理与传统管理在管理三要素上的差别（表 1－1）。

表 1－1　三种管理方式之间的比较

	管理对象	管理手段	管理角色	管理方式	管理工具	管理目的	注意力
科学管理	手、脚	流程制度	管理者	标准化 额定时间	TPS TPM ……	效率	How
目标管理	大脑	奖励和惩罚	领导者	绩效管理	6Sigma ……	成功	What
教练管理	心	自我管理	教练	高效对话	3F 5P ……	成长	Why

观察三种管理方式，你会发现诸多差别——

管理对象。科学管理的对象是车间工人；目标管理的对象是知识工作者、包括销售、设计、工程师、管理者等；而教练管理对象是所有人（含管理者与员工）。

管理关系。科学管理的管理者相当于监工，监督员工的行为；目标管理的管理者的角色是领导者，带领员工完成目标；教练管理的管理者是教练，通过教练关系帮助员工完成组织目标的过程中实现个人成长。

管理目标。科学管理侧重动作的科学化，通过“最佳方法”以更少的成本和更快的速度达到同样的质量，从而提高车间的生产效率；目标管理通过目标管理和自我管理相结合，激发当事人的主动性，从而更好地实现公司目标、提升组织效率；教练管理通过“高效对话”来开发潜能，发挥优势，通过个人与组织的共同成长，在实现组织的过程中提升人的成就感。

综上所述，管理的进化过程就是随着外部环境的快速变化，管理从“看不到人，看到人，到以人为本的过程”。这个过程中伴随着管理者与被管理者关系的改变——从监工、领导到教练，伴随着员工从被动、主动到主人的过程。

1.2　领导力的挑战

领导的作用就是要开发团队成员的内在的领导力，从而产生更多的领导者。其中最挑战的莫过于开发团队成员的领导力，也就是说你自己直接做相对容易，但还要培养团队未来的领导者，促进组织的可持续发展，这需要管理者具备强大的领导力。好的管理者能将稻草变成金条，差的管理者则截然相反。一个组织中，管理者领导力的高低直接决定了组织的发展速度。

现实中经常看到如下情况：管理的团队业绩平平，下属散漫怠工，管理者忙得焦头烂额。而优秀的管理者则与众不同：他们善于倾听和观察；展望未来、为团队制定目标；把合适的人放在合适的位置上；让下属得到提升和发展；持续的改革和学习以提高自身能力；既重视结果又关注人际关系，坚守公司的核心价值观，等等。

随着外部环境的快速变化，企业要实现可持续发展，组织中领导者不仅要具备前瞻性的决策能力、长期的战略规划能力，还要有带领团队克服困难完成组织目标的能力。业务增长的瓶颈表面上是业务停止增长，背后是缺乏团队的支持。没有团队的合作和发展，没有管理者自身的成长，便跟不上时代的发展和公司的要求。

领导者的个人成长不只是个人业务能力的提升，而是领导者的心智模式发展，包含了如下方面：如领导者的角色变化、对人才和对业务的认知模式、做事方式和行为习惯，决策方式和决策风格、个人的时间和精力分配等。

面向未来，管理者的领导力面临三个主要的挑战：业务增长、团队发展、个人成长（图1－3）。

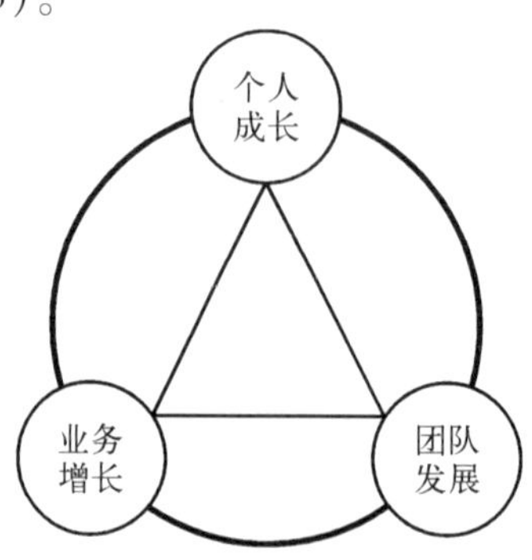

图1－3　领导能力的挑战

1.2.1　业务增长

领导力的第一个挑战：业务增长。

增长陷阱

早在1972年，系统思考大师之一，“学习型组织之父”，德内拉·梅多斯在《增长的极限》中曾谈到，如果增长导致了需求的扩张超出资源所能维持的水平，崩溃必然紧随而至，无论这个资源是人、资金、原材料等。这让我们必须重新审视企业所在的经营环境，反思企业的增长模式以及与外部系统的合作关系，比如客户、供应商、合作伙伴和社区[①]。

驱动增长的三个因素近年来都发生了比较大的变化。第一因素是新增劳动力，大致在2003年到2004年，一些经济学家就发现人口红利正在消失，新增劳动力的数量大大减少。第二因素是资本，通过改革开放引进外资使得中国的效率提高，这个因素也在减弱。第三个因素是投资，中国一直在用这个办法。它一方面使得产能过剩的现象越来越严重，另一方面因为过量的投资，资源损耗和宏观经济资产负债表的负债率积累起来，到了可能引起资产性风险的程度。在这种情况下增长率的下降就是一个必然趋势[②]。

今天，很多企业已经进入增长陷阱：企业需要增长，但又找不到可以持续增长的方式。很多领导者已经处于左右为难的增长恐惧中。数据显示，早在2012年上半年，中国GDP增长首次跌破8%的心理关口，降至十年来最低点，而在微观层面，几乎所有制造型企业都步入低增长或负增长，所受冲击远超过GDP的下滑幅度。

---

① 德内拉·梅多斯：《增长的极限》，机械工业出版社2013年版，第20页。

② 李稻葵：《重启：新改革时代的中国和世界》，中国友谊出版公司2014年版，第35页。

在过去的35年中，增长已然成为企业的主导行为，几乎每个企业甚至每个人都是支持增长导向的，每年都定目标，不增长是不可思议的。他们相信增长会带来不断增长的福利水平。事实上，政府和企业领导人把寻求增长视为解决所有问题的良方。在大公司里，增长被视为增加就业、提高流动性以及技术进步的必要条件。而在小公司，增长更是被视为发展的唯一出路。

然而，这种快速粗放式的增长方式带来了很多问题：资源枯竭、环境破坏、投资过度、消费不足、货币超发等。对企业来说，一旦经营到一定程度，业务就开始停止健康增长，无论如何努力，业务不仅不增加，反而会下滑。表面看起来，原因来自外部竞争的加剧和内部各种成本的上升；究其根本，还是源于企业家和领导人的既定思维模式、行为模式以及增长方式。

过于关注销售额的增长而忽略利润率，导致盈利能力下降。长期以来的规模情结和业务导向，使得很多公司过于好大喜功，通过投资驱动，单纯追求规模，最终导致有销量没利润，大而不强，竞争力下降。在政策红利和人口红利结束之后，这些企业的成本优势丧失，而真正的核心竞争力又没有形成。过去的35年间，在全球产业环境中的几大成本要素里，中国曾经占有巨大优势的低廉劳动力成本，在工业成品中占比5%—10%，现在这方面的优势已消失殆尽。同时原材料、能源、税收以及融资成本这些方面，中国今天也已毫无优势可言。宏观经济环境已经改变，但是很多企业的思维仍停留在昨天。

2010年知名休闲服饰品牌美特斯邦威公布上半年报显示，美邦服饰上半年营业收入25.41亿，同比增长39.49%；营业利润6353万，同比下降57.86%；归属上市公司股东净利润4 033万，同比下降82%。其董事会分析造成利润大幅下降的原因是：直营店铺的租金费用、员工成本以及装修费等费用随着店铺规模的扩张而增加；管理团队增加带来的薪资福利、办公成本等支出较同期增长40%……

类似美邦的现象在我们的企业中屡见不鲜。随着制度创新的动力已经惯性疲劳，“人口红利”已无利可图，实体经济对中国经济的拉动力还未显现，高成本时代已悄然来临……中国企业持续增长面临重重挑战。

转型困境

近年来“转型升级”已成为热门话题。战略转型、组织结构转型、企业文化转型、产品结构转型、流程再造等等，很多企业希望透过转型获得持续增长。但是，“转型”到底转什么？

面对转型、升级，企业一般选择要么向上游发展，要么向下游进军。但是向上做研发可能吗？通过这么多年的观察，我们发现成功率很低，一是因为投资巨大，二是资源完全不同。向下做终端、做品牌，做客户做的事情，这样行得通吗？向下整合，要求我们的资源、能力、设备都要重新整合，同时越往下竞争会越激烈，结果可想而知。此时如果错误决策，将带来灾难性的结果。比如曾经的明星企业——明基公司。

> 自收购德国西门子全球手机业务后，明基就一直处于风口浪尖。2006年12月8日，明基电通“掌门人”李焜耀现身中国内地，公开向媒体承认明基收购西门子失败。一年巨亏8亿欧元，欧洲工厂将陆续关闭，台湾、苏州等地手机产能并至上海金桥工厂。2007年5月，明基在宣布品牌代工业务分拆、公司主体保留代工业务后，更名为“佳世达（Qisda）”。“佳世达”将以代工制造业务为主，明基品牌退

居二线。一直想自创品牌的李焜耀发现从代工走向品牌的道路异常艰辛……

虽然每个企业都想实现转型升级，但应该沿着什么样的道路，朝着什么方向进行产业升级，对企业来说可谓难上加难。特别是一些传统劳动密集型、处于价值链底端的企业，单纯依靠要素、资源和资本驱动的增长肯定是无法长期持续了。

核心竞争力困境

经济学家吴敬琏曾说，在粗放增长模式下靠政府主导，海量投资实现的高增长模式、挣快钱的日子已经过去了，必须要靠自己的核心竞争力才能在激烈竞争的市场中存活和发展。而要提高自己的核心竞争力，一是要把握全球市场发展的大趋势；二是要咬定技术创新不放松；三是要提高对全球贸易规则的适应能力①。

2015 年的两会上，李克强总理在政府工作报告中提出了“互联网 +”行动计划，寄望于通过互联网等新兴技术盘活传统产业，同时在新兴战略产业中占据一席之地。作为国家战略，互联网加快了对传统产业和企业的全方位渗透。一些趋势若隐若现，可以预期的是，在未来只有两类企业可以获得生存：一类是借助互联网技术进行产业整合的企业，另一类就是在整合的平台上提供高附加值的企业。企业要想迎接第三次工业革命的浪潮，就要想清楚，要成为平台级企业，还是在平台级企业上提供高附加值的价值冠军。而实际上，今天大量企业由于看不清未来而做出错误的决策，结果顾此失彼，最终导致核心竞争力丧失。

---

① 吴敬琏：《中国增长模式抉择》，上海世纪出版社 2013 年版，第 10 页。

> 曾经是硅谷创业精神代表的惠普公司，2014年10月6日，分拆成两家公司：惠普企业公司和惠普公司。这，意味着昔日IT巨无霸全面走向了没落。这其中就有由于战略失误导致的核心竞争力缺失。早在2001年惠普公司收购康柏电脑之后，惠普的战略就进入了极度的摇摆，因为产品线的高度重叠，以及自身高调行事带来的诟病，CEO菲奥莉娜被董事会辞退。之后就任的马克·赫德，是一个砍成本的高手，虽然在他手中，惠普公司成了全球第一大IT设备制造商，一举超过了IBM公司，并通过成本的高度削减实现了持续盈利，但是，惠普的研发费用，从当初占销售收入的8%，在赫德时代一直降到3%，更要命的是将芯片等核心技术也相继出售，最后绑在了英特尔芯片的战车上。没有了核心技术和创新驱动的惠普公司彻底失去了核心竞争力。之后就任的新CEO李·艾科，面对移动互联网的巨大冲击，下决心向IBM学习，进入服务和软件领域，并且希望出售PC业务，这一个重大的战略失误又将公司带来置于激进和冒险的境地。所以当新任CEO惠特曼到任后，重新宣布恢复PC战略，但同时又希望在软件和服务方面获得突破，就是希望在两种战略之间找到平衡。由于缺乏核心竞争力，使得曾经的业界翘楚迅速滑下了灾难的深渊。[①]

在很多人心目中，企业转型就是从低回报的行业转到高回报的行业。当前最普遍的想法是进入高新科技行业，例如很多地方政府鼓励当地企业进入新能源产业。

在中国，企业发展往往由当地政府引导，当新能源是热门时，很多地

① 许正：《企业转型六项修炼》，机械出版社2014年版，第210页。

区的政府都鼓励发展这些产业，导致大批企业同时进入相同产业。然而，这些新兴市场还没有强大的生态系统来支持它的需求，由于很多企业抢着进入，很快便导致生产能力过剩，利润率也随之下降，失去了最初的高回报率。

> 2011 年 6 月一财网报道："江浙民企弃棉纺转地产金融……"采访中一棉纺企业负责人说："现在这个环境，根本不适合做实业。实业资本被逼得走投无路了，就换成金融资本去炒黄金，炒楼。搞地产和金融，回报率比做实业高得多，赚钱也快得多。我要做的转型，就是转做地产和民间借贷……"
>
> 2011 年 10 月《新闻晨报》报道：大批企业逐渐放弃实业，转向投资房地产以及虚拟经济，从而埋下了危机的伏笔。以打火机企业为例，2001 年时温州拥有近 4 000 余家打火机企业，占据了全球金属打火机 80% 的市场份额，而十年后保留下来的企业却已经不足 100 家。近百家国内上市公司转型进入生物工程产业；很多国内企业纷纷进入汽车制造业、手机业、新能源行业等，结果大多血本无归……

退出这个行业就可以了吗？转向那些看似赚钱的行业就可以了吗？做还是不做？如何做？是不是单纯的升级就能够解决问题？企业的出路到底在哪里？

我认为，面向未来，领导者所遇到的重要挑战是如何寻找到企业健康成长的方式。可以说，企业要想获得可持续的发展，必须更多依靠技术进步和资源的高效配置，而这背后意味着需要更多的用于研发的无形资本——投资的增加和人力资本的投资。

1.2.2　团队发展

领导力的第二个挑战是团队发展。

判断一个企业家或领导者是否杰出的标准，绝不仅仅看他在任时公司的业绩，更重要的是他离任后公司的发展；后者主要取决于他在任时对各级领导人才和未来接班人才的培养。卓越领导者的使命是多少人因为你而变得更加卓越，而不是看自己有多优秀。作为远比资本更为稀缺的管理人才的培养和发展，正是基础管理的重中之重。卓越领导者不仅业绩出众，更重要的是人才辈出。

而现实中，多数公司都存在深刻的矛盾：公司快速发展的需求与团队发展不匹配。企业发展的瓶颈往往来自人才，特别是管理团队。随着工业4.0登上时代的舞台，可以想见，脑力劳动和技术员工将大幅增加，管理人才将会愈加稀缺。当下蜂拥而起的互联网公司就是典型，在速度制胜的快速扩张过程中，几乎都面临着管理人才短缺的危机。因此，如何有效培养适应公司本土文化的管理者，成为每一家企业都必须回答的战略命题。

B公司是一家全球性的汽车材料公司，自从十年前在中国设厂，凭着一流的技术和中国市场的巨大需求，公司的业务开始快速增长，随之而来的是产能的局限。当把产能迅速扩大之后，才突然发现找不到合适的管理者，不仅现有岗位的管理者不胜任，新的岗位也同样很难找到合适的人选。由于缺乏合适的管理者，公司的交货期已经从过去的15天、20天延长至30天甚至45天，公司的现金流也多次险些断裂。原因是在过去的十年中，公司只关注技术的升级和市场的拓展，几乎没有在管理者身上投资任何管理培训，比如一个技术人员进公司8年时间做到生产经理，而在这8年却没有对这位关键岗位的管理者进行过任何领导力方面的培训和辅导，管理者似乎是天生的。在他们全球高层管理者中，会讲中文的或中国人的比例不到5%，结果是本土化管理人才的缺失已经成为公司发展的系统性瓶颈。

B公司的问题并非特例。绝大多数企业中，管理者对业绩的重视远远超过对人才的发展。最近20年里，很多公司都在削减成本以提升竞争力，从而应对劳动力成本和原材料成本上升带来的压力，这些公司明显地减少在人才开发方面的投入，培训项目、领导力开发项目的预算和时间被大幅削减甚至完全取消。比如，苏州一家台资企业在2008年后把培训的预算直接设计为零。而更早的案例如eBay，1999年末总裁惠特曼被问到她早期最重大的失误是什么时，她承认自己当时最大的失误就是未能重视人才的发展。

坐在靠窗的沙发上，Lt公司的张总喝了一口刚刚上来的茶，叹了口气说：反思这些年最大的问题就是对人才培养重视不够，特别是管理人才。看看我们过去的7年，我们新进的总经理只有1人，从内部培养2名，但总体合格的只有一名；而经理人我们从外面陆陆续续引进了20人，但合格的一个都没有。究其原因，我还是关注业绩超过关注人才，一旦业绩下滑的时候，我就开始裁员，看谁都不顺眼，只要我不喜欢的我就随意让他走。在我的眼里我才是英雄，我才是人才，他们都不是。嘴巴上说要重视人才，但实际上我心里想谁也靠不住，“老板是固定资产，职业经理都是流动资产”，“职业经理人可以跳槽，老板只能跳楼”，现在想起来，后悔莫及啊。

很多公司平时不培养，到了需要时，他们便实施高价策略，到处寻找所谓的顶尖人才来解决公司的领导人才的问题，但实际上，如果每家公司都这样做，那高端人才到哪里去找呢？所以，这种方法并不总是奏效，而企业却要为这些人支付大量的薪酬。实际情况往往是，从外部招聘的人才填补关键空缺常常并不尽如人意，而且职务越高，成功率越低，这有很多原因：除了组织文化的不适应，人际网络的缺乏、老员工的嫉妒、新加盟人员把该职位看成跳板等，都是障碍。何况，管理者本身就很难从外部引进，不像技术、工程、销售等专业岗位相对比较容易引进，管理者需要懂得公司的文化和工作习惯等。

企业传统倾向于认为，“事必躬亲”是管理者的美德，其“万世楷模”就是诸葛亮。但从现代管理的角度去反思，我们不难发现诸葛亮这种事无巨细、事必躬亲的管理风格最终导致“蜀中无大将”，没有管理者人才的培养，彻底地葬送了蜀国一统天下的使命和愿景。

在技术日新月异、竞争高度激烈的今天，管理者必须有能力处理许多新的“关系”，与供应商、客户、政府、员工的关系等。但现状令人担忧，在我为企业进行辅导的过程中，我发现近 2/3 的管理者是不胜任的，而更令人忧虑的是这些领导者经常挫伤员工的积极性。仔细盘点企业管理者状况，我们发现真正的危机不是现在，而是未来。专业化分工的组织结构和运作培养了一大批专业人士，虽然在专业技能、业务技能上娴熟，但面临外部日益变化的外部环境，却没有真正具备领导团队的能力。与培养技术人员或业务人员相比，管理者的培养需要更多的时间。不同的公司拥有不同的管理理念、管理文化和管理体系，要求管理者必须具备良好的适应性和高效的学习能力。

而管理者培养中最难的莫过于领导力的培养。很多公司也尝试进行领导者的培养计划，但往往以失败告终，究其原因，大多数公司几乎没有任何领导者开发的项目，更不用说有一套合理的领导力开发的架构或系统。

很少有公司把领导者发展看作战略的组成部分，而是将其视为人力资源部门的工作。他们很少认真思索新经理、职能经理和业务经理在领导力发展之间的区别。相反，公司更多的是关注员工的个人特点和专业、技术能力。在提拔员工时，公司只是看重他们目前工作的知识和技能，而不是发现他们是否具备某个领导层级所需要的知识、技能或潜力，似乎只要专业能力强，就可以成为称职的领导者了。

事实上，如果管理者缺乏领导力，绩效就无法持续。在实践中我发现，很多管理者由于缺乏领导力，而无法发展和培养优秀的团队，最终导致客户流失，绩效下滑，其内在关联如下（图1－4）。

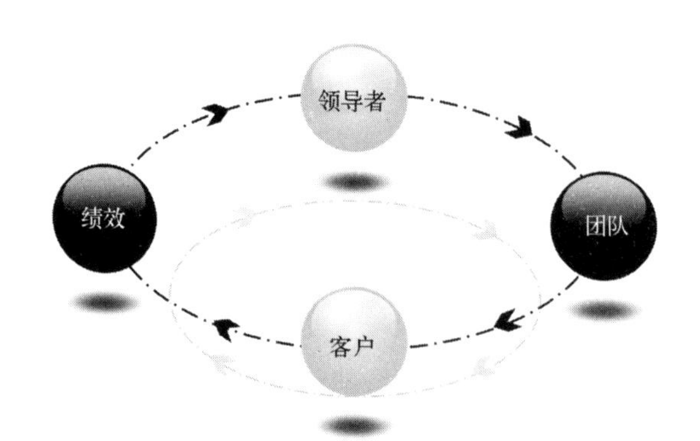

图1－4　领导力的本质是创造绩效

领导力的本质是创造绩效，以终为始，绩效导向，没有绩效的突破一切都是虚的。但绩效是怎样创造出来的？绩效与领导力之间有怎样的内在关系呢？让我们结合以上图形（1－4）进行简单分析。首先每个领导者的绩效，首先都会在财务上有所要求，如销售额增长、利润、现金流等。而这些财务绩效主要来源客户、产品、市场的开发和服务，这些都需要内部流程的运营和团队的强大支持。如果没有团队的发展，内部流程就无法高效，客户也很难真正的满意。

可见，上述各种要素之间具有紧密的内在关联，相辅相成。财务绩效来自客户认可，客户认可来自团队的智慧，团队的智慧源于管理者强大的领导力；反过来讲，只有管理者具备强大的领导力，才能培养出有战斗力的团队，激发出团队的激情和智慧，而只有强大团队才能创造独特的客户价值，同样只有客户获得价值并满意从而给企业带来持续的财务绩效。

因此，绩效并不由管理者直接创造出来的，而是通过团队创造出来的，而要想通过团队创造客户价值，管理者就需要强大的领导能力。特别在移动互联时代，随着客户与团队互动越来越多，情况更是如此。唯有不断发展团队才能持续满足客户的需求和组织的发展的需要，这就需要领导者的个人成长。

1.2.3　个人成长

领导力的第三个挑战是：个人成长。

领导者不成长是团队的灾难、企业的瓶颈。早在1972年，拉里·格雷纳教授指出，企业成长的各个阶段都从危机开始，第一场危机就是领导力的危机[①]。在创业早期阶段，企业创始人最宝贵的能力是企业家精神，即发现机遇的眼光和承担风险的意愿。但随着企业的不断成长，需求发生变化了，协调企业的成长需要训练有素的管理能力和公司运营的专业知

① 英国DK出版社：《商业百科》，彭哲、郎香香译，电子工业出版社2015年版，第46页。

识。有些企业家由于缺乏系统思考，难以突破固有的思维模式、行为模式、决策风格等，不能成功进行角色的转变——从企业家转换为真正的领导者，导致组织能力弱化。

管理学大师彼得·圣吉基于系统动力学理论，创造性地整合了其他社会科学领域的研究成果，提出建设“学习型组织”的“五项修炼”，其核心基石就是“第五项修炼”，即“系统思考”。

领导者缺乏系统思考，会导致很多管理痼疾：比如考虑问题不够全面，本位主义；考虑问题缺乏深度，就事论事，不能透过现象看到事物的本质，无法明白事物之间的联系；考虑问题没有动态眼光，只看到眼前和当下的状况，无法在洞悉系统结构的基础上“预见未来”；无法看到“时间滞延”，即决策的延迟效应，比如把研发和培训的预算减少所导致的未来风险。

换言之，上述问题不仅是系统思考缺乏的后果，也是管理者个人停止成长的表现，而绝大多数的企业绩效瓶颈，基本上都能归结为这一原因。而领导者没有个人成长，通常有三种原因；过于关注业绩、忽略个人成长；思维老化、缺乏系统学习；职责不清、缺乏内在动力。

过于关于业绩，忽略个人成长

领导能力的缺失首先来自管理者过于追求业绩而忽略了个人成长。在用平衡记分卡（BSC）帮助很多企业进行战略绩效的跟进落地时，我发现人们对财务层面的关注总是偏爱有加，而对学习与成长，特别是对员工和管理者的领导力发展只是象征性的。这完全违背了卡普兰教授的良苦用心，可以说，BSC最重要的贡献是发现了人力资本等无形资产对于组织决定性的作用，忽视学习与成长，则失去了发展的真正动力。

动力曲线图是2007年我受邀为一家美资公司进行高管领导力训练，在经过长达两年的深度调研总结后发现的（图1－5）。我发现有很多领导者都是刚开始很积极，信心满满，动力十足，但随着目标的逐步达成、收入的增加，领导者自身的动力开始逐渐消失。而此时，随着领导者位置的上升，公司对领导者的期望却在不断增加，同时团队成员对领导者的期望也在快速增加，但由于领导人的内在成长不够，心胸、格局、境界都没有同步发展，导致领导者自身动力不足，这样就会造成公司不满意、团队成员抱怨、领导者自身压力也增大的矛盾局面。

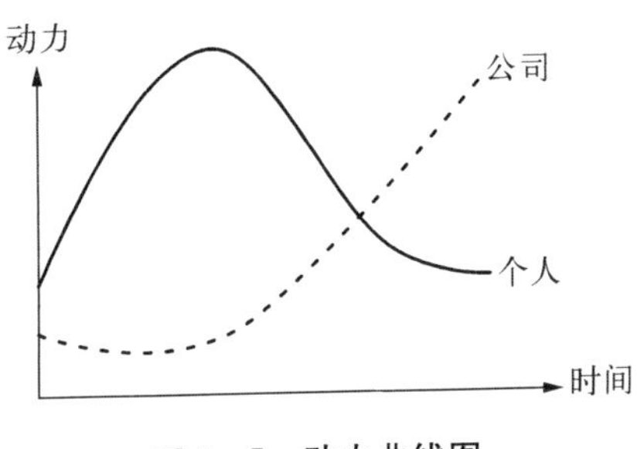

图1－5　动力曲线图

通过“动力曲线”的分析，我们清楚地看到任何企业的生存与发展都必须依赖未来管理者的同步成长和发展，管理者的提升速度直接影响企业的成败和员工的成就。如果仔细研究成功的公司，你会发现，很多公司都是由充满激情的领导者创立，他们拥有强烈的成功欲望或者过硬的专业知识。他们的能量和干劲吸引了许多志同道合的人，包括团队成员、客户、合作伙伴等，共同推动公司初期的快速发展。特别是新经济公司，成长速度很快，领导者以惊人的速度向更高层级的领导位置转移，今天他们还做着一线经理人的工作，明天就可能变成一家新公司的负责人。

然而，在职业经理人开始接手工作后，公司早期的冲劲与活力慢慢丧失。原来，作为创业者，大家是想做出成就，参与某项大事业；现在，管理者更多关注的是财务问题。以前，在公司的例会上汇报的是新市场、新产品、新客户、新员工、新团队，以及在极度艰难的条件下提供优质服务的经历；现在，会上只有干巴巴的生硬报告，上面尽是销售进展、利润目标、预算、经营规划等例行事项。几乎没有鼓舞人心的地方，人就像工具一样被嵌入岗位、系统和流程，大家只是单纯地处理数字、执行命令、生产产品、提高销售额、解决问题等。在这种管理模式下，人们的情感因素被忽略，成长需求被忽视，管理者慢慢成为不是在追寻事业中获得一份收入，而是为收入而工作。如今人们耳熟能详的创业格言“莫忘初心，方得始终”，正是对这一状态的感慨。

思维老化，缺乏系统学习

人岗匹配，特别是各层级管理者的能力与岗位的匹配，是一个老大难的问题。管理者不仅难培养，而且会出现老化现象，当年和创业者一起打天下的人，一晃数年过去了，由于缺乏持续的学习，自己的思维方式、视野、知识结构和创业激情或老化或衰退，在碰到新的挑战是，结果有心无力，无法与时俱进。具体来说，有如下表现：

——只与自己的部门内部的人沟通，几乎不向上沟通和横向部门沟通，自我封闭。结果，越是不愿和比自己优秀的圈子沟通，就越是成长慢；越是成长慢，就越不想与外界沟通，导致恶性循环。

——无法协调各部门之间合作，无法跨部门开会解决问题，无法协调资源，借力使力。过于关注自己本部门利益，无法平衡部门利益和公司大局。

——情商低下，在压力下无法适应，反应过度，造成人际关系紧张。

这些问题背后有更深层的原因。让我们一起来回顾企业管理者的升迁路径。大部分公司的管理者都是来自业务能力强而不是管理潜力大的人。企业常见的选拔方式是：因为业务做得好，就变成经理甚至总经理；或者前任总经理突然离职，于是矮子里面选将军，某个人就自然成为总经理。由于缺乏合理的人才选拔流程和健全的培训系统，名义上虽然是总经理，但实际上能力水平可能连经理都达不到，只是主管水平。专业人士出身的总经理，几乎都是业务导向、专业思维，对人才发展、团队建设等“花钱又不能立刻见效”的任务视若无睹。在这种思维主导下，不仅自身的领导力难以成长，而且会剥夺团队成员的发展机会。

职责不清，缺乏内在动力

领导者个人成长不够还有一个关键的原因就是职责不清、缺乏内在动力。伴随着中国经济的快速发展，很多创业者都已经功成名就，而近年来GDP的下行，大量的第一代、第二代创业者和管理者都逐步进入舒适区，甚至萌生退意，不想再接受挑战。

同时，由于企业发展过程中并未建立现代管理制度，缺乏合理的分配机制和公司治理机制，很多公司的董事会形同虚设，使得公司的高层管理者既缺乏来自董事会的绩效挑战，同时自身也失去了奋斗的动力。

事实上，相对员工来说，管理者更难激励，因为管理者的工作不像一线员工那么具体，比如销售人员、一线工人的工作很容易量化，成果比较容易衡量；而管理者的工作容易受到诸多因素的影响，短期内未必看得见后果，如果业绩好，管理者会认为是自己的功劳，业绩不好，就会责怪是员工的问题。如果管理者没有受到激励，那员工看到的是什么？一个自身没有受到激励的管理者，却代表公司来指手画脚，员工怎会有好的感受！据统计，员工离职有70%以上的原因并非来自工作本身，而是与自己直接的上司关系无法相处。

可以说，职责不清是管理者缺乏动力的主要原因之一。特别是在快速发展的公司，领导者的实际工作与原先的岗位职责描述相去甚远。新的领导职务缺乏清晰的岗位职责，工作绩效难以评估。

不管出于何种原因，各层管理者缺乏个人成长，已经成为管理者领导力低下的主要障碍。在此情况下，如何能够期待企业的可持续发展呢？

领导者的核心任务是发展人才，特别是发展未来的领导人才，各个部门、各个领域的领导者。唯有领导者自身不断发展、持续地进行学习和成长，在个人成长上投入时间和精力，同时帮助团队持续发展，才能引导和带领企业持续的发展。

上述这些问题都需要管理者从根本上反思自己的角色定位、管理理念和系统思考的能力。唯有管理者能深度觉察，从自身开始转变，才能突破现有的管理困境，迎接未来组织领导力的挑战。

·⟶ 第二章 ⟶·

教练管理的核心思想

教练管理的核心思想：员工自主、领导者成为教练，以及员工与领导者共创生态系统。从管理者驱动、目标驱动、到员工与管理者共同驱动代表着管理的进化（图2－1）。

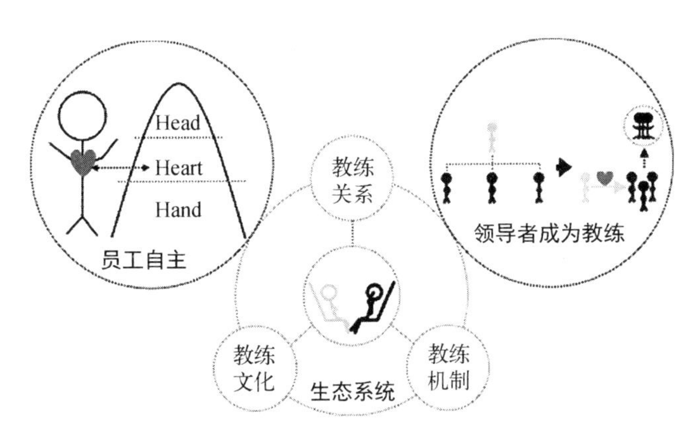

图2－1　教练管理的核心思想

2.1　员 工 自 主

民主自由是人类社会发展的大趋势，作为社会存在的一种方式，企业也无法例外。员工自主，正是这一趋势在企业中的呈现，反映了管理发展的未来。如果把企业当私器，把员工当工具，就会偏离管理的本质，企业行而不远。

相反，如果企业能坚持不懈将员工自主原则贯穿于实践，就会发生让人意想不到的事情：员工们会以愉悦的心情投入工作，自动地加班加点，他们对工作满怀激情、充满责任，他们愿意与他人建立联系、分享经验……有这样的状态，企业还用担心绩效吗？

首先，员工自主意味着员工成为自己的主人。过去很多公司喜欢说“公司就是员工的家、企业是员工心灵的归宿、员工要以厂为家”，其实，这些说法都言过其实。早在1954年德鲁克在其管理奠基之作《管理的实践》中，就曾经用清晰和简单的语言帮助我们厘清了员工和组织的关系：“公司不能自称是员工的家、归宿、信念、生命或命运。公司也不可以干预员工的私生活或者员工的公民权。将员工与公司连在一起的是一份自愿的、随时可以被取消的契约或合同，并不是神秘的、不可撤销的纽带。”因此，正确地定位员工与组织的关系，可以为组织和员工减少许多不必要的烦恼。那么，员工与组织应当是一种什么样的关系呢？他认为，“组织需要员工为其做出所需要的贡献；员工需要把组织当成实现自己人生目标的工具”①。因此，员工成为自己的主人首先意味着员工从企业中独立出来，不再像奴隶依附于奴隶主、农民依附于土地和地主、工人依附于机器和资本家，而应该成为自由的个体、成为企业的中心。

其次，员工自主意味着员工自主创业。每个员工都不是被动的工作，不再是被动任务的接受者，而是创业的主体。这一原则，在“互联网+”时代，变得愈发紧迫。中国企业家明星张瑞敏对此感触很深，海尔2015

① 彼得·德鲁克：《管理的实践》，机械工业出版社2006年版，第10页。

年会的发展主题——“人人创客，引爆引领”——表达出他的心声。张瑞敏说：“人人创客，是引爆引领的必要条件，也是整个企业变革的一个非常重要的方向，整个企业要从管控型组织变成投资平台，每个人不再是执行者，而是创业者；组织需要从原来的传统组织变成互联网组织。传统企业把内部员工定义为企业这部机器上一个零件，人成了机器的附属物，从某种程度上，人变成了生物机器人。”① 因此，员工自主创业意味着员工的激励方式发生了根本改变，过去，员工的激励都是来自外部压力，如目标、绩效、考核、惩罚等，而自主创业表示动力来自自己、来自员工的自主选择和内在的激情。

最后，员工自主还表示员工自觉地开展工作，从而真正实现自我管理。当我们把重点分别放在“资源”或“人”时，会得到两种完全不同的答案。作为一种资源，“人力”能为企业所“使用”，然而，作为“人”，唯有这个“人”才能充分自我利用，发挥所长。这就是人力资源和其他资源最大的区别。因此，员工的自我管理伴随着员工内在的成长、心智模式的改变，由替他人做、替企业做，需要外部的监督和管理，转向自我管理、自我约束、自我成长。

员工自主是教练式管理的基石，它包括三个核心部分：员工中心；员工激励；员工成长（图2－2）。

2.1.1　员工中心

每个人都知道，企业的“企”字是一个“人”和一个“止”构成，

---

① 张瑞敏：《海尔转型药方——人人创客＋引爆引领》，2015年海尔内部年会主题演讲。

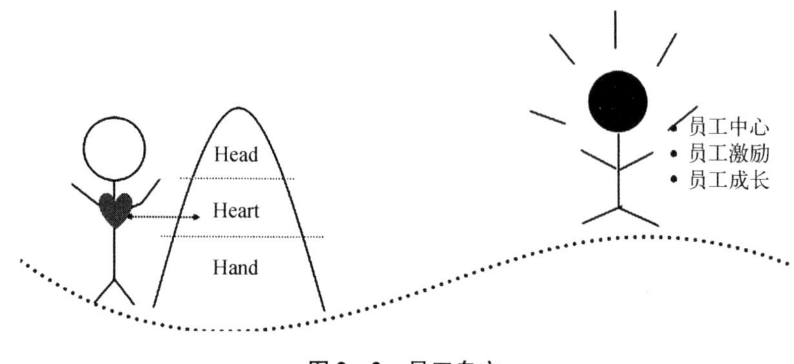

图 2-2　员工自主

意指如果没有“人”，企业就会停止。“人”作为企业中独特的资源，就像巴顿将军所说，“虽然战争离不开武器，但真正决定胜负的因素是人。”在那些冰冷的资源——设备、产品、材料、资金——背后，是一个个鲜活的充满生命力的个体。没有人的介入，没有员工的创造性劳动，所有的物质或生产资料都无法自动成为有价值的产品。“人”才是第一生产力，只有“人”才能够开发原材料、机器和信息的价值，只有“人”才能创造新的价值，也只有“人”能够增加交换价值。在今天，新技术的发展对人提出了全新的要求，劳动密集型的工作逐渐被智力密集型的工作所替代，互联网时代将人的因素推至高峰：企业的持久发展最终取决于员工的创造能力，而不是对物资的占有。知识经济的竞争中，“员工”才是制胜的关键（表 2-1）。

以员工为中心，“让听得见炮声的人决策”① 已经是管理的大势所趋。长久以来，员工，特别是“一线员工”一直未被充分关注。在股东、客户和员工的排序上，很多企业将“员工”排在了最后。

---

① 任正非：在销服体系奋斗颁奖大会上的讲话，2009 年 1 月。

表2-1　“员工中心”的发展进程

	传统管理	教练式管理
以“什么”为中心	“物”中心	“人本主义”的胜利
以“谁”为中心	“股东、客户”中心	“员工”的崛起
“谁”是管理主体	“管理者”中心	“一线员工”成为主体

一、“人本主义”的胜利

以人为本，意味着把“人”当成工具的时代的结束，“人本主义”时代已经来临。当以“人”为主线，纵观百年西方管理史，我们不难发现关于“人性的基本假设”经历了漫长的发展过程（表2-2）。

表2-2　人性基本假设

代表人物	人性假设	基本观点
1776年 亚当·斯密	经济人	利己
1927年 乔治·梅奥	社会人	社会需求
1954年 亚伯拉罕·马斯洛	自我实现的人	五大需求
添·高威、伍登	完整人	三大核心动力

亚当·斯密的经济人假设。亚当·斯密作为英国古典经济学体系的建立者，被世人称为“现代经济学之父”。他认为经济问题的出发点是人的本性，即资本主义的利己主义。每个人的一切活动都受到利己心的支配，这种个人利益的追求者就是经济人。

从亚当·斯密开始到泰勒的科学管理理论的提出，为当时生产力的发展和社会的进步提供了有力的理论武器，但随着社会的发展，人们发现科学管理理论并不能解决实践中所遇到的一切问题，尤其是有关“人”的研究，人的行为随着时间、环境等因素的变化而变化，而人的工作效率也是因时因地发生变化。其中，“经济人假设”更是受到质疑。要真正发展出更加符合人性的管理理论，没有心理学的帮助是做不到的。就在这时许多心理学家加入管理研究的行列。

梅奥的人际关系学说和社会人假设。20 世纪 20 年代，在资本主义国家中，许多企业采取了泰勒制管理，但劳资纠纷和罢工此起彼伏，这种情况促使管理学者深入研究影响工人的劳动效率的根本原因。科学管理把人当成经济人来看待，认为金钱是刺激人的积极性的唯一动力，霍桑实验则推翻了这一假设：影响人的劳动积极性的因素，除了物质利益之外，还有社会的心理因素。每个人都有自己的特点，个体的观点和个性都会影响个人对上级命令的反应及其工作的表现。因此，应该把员工当成不同的个体来看待，当作社会人来看待，而不应将其看作无差别的机器或机器的一部分。

作为社会人假设的倡导者，乔治·梅奥认为：生产效率的提高和降低不是取决于工作方法和工作条件，而是决定于员工的士气，士气则来源于家庭和社会生活，特别是企业中人与人的关系状态。换言之，一个员工在进入公司以后与其他同事的关系如何，在很大程度上影响这个员工的表现，并直接影响其才能的正常发挥。

社会人假设将管理建立在人的社会需求之上，在这方面，亚伯拉罕·马斯洛走得更远。他把人的需要归纳为 5 大类，分别是生理需要、安全需要、感情和归属需要、地位和受人尊重的需要、自我实现的需要。1954 年他首次提出人本主义心理学，而直到 1971 年美国心理学会设置人本心理学专业委员会，才标志着人本心理学思想获得美国及国际心理学界的正式承认[①]。

教练管理的起点是“以人为本”，视人为“完整人”不仅关注人的行为，更加关注人的动力和内在的感受。教练认为员工是组织的一部分，是组织的细胞，每一个细胞健康，组织才有可能是健康的。员工是作为一种“完整人”的存在，而不仅是“员工”或“资源”；组织是一个生态，而不是冰冷的机器。

二、员工的崛起

从以“股东”为中心到以“客户”为中心已经是时代的巨大进步。但如果企业持续健康发展，就必须重视员工的力量。

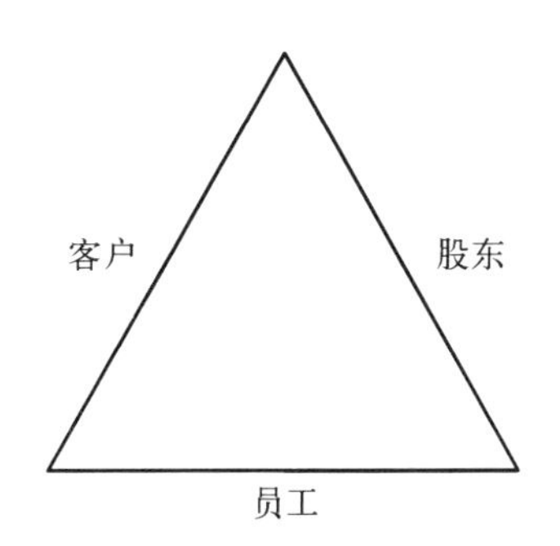

图2－3　股东、客户、员工三者之间的关系

如果三角形的每个边长分别代表股东利益、客户价值、员工利益，而三角形的面积代表企业利益的话，只有三角形的三个边长相等的情况下，企业的利益才能最大，也才能持久（图2－3）。华为公司就明确提出，是劳动、知识、企业家和资本共同创造了企业的全部价值。因此，一个企业在员工—客户—股东管理三角之中，必须始终坚守一条：员工是价值主要创造者，管理的核心目的就是让他们充分地释放潜能，发挥才干。

---

①　郭咸纲：《西方管理思想史》，北京联合出版社2013年版，第168页。

不妨让我们简单地回顾一下管理的发展历程，我们就会明白员工的地位已经被忽略了很久。

在科学管理年代，更多的是财务中心、股东中心，管理的一切目的就是减少浪费、提高效率、降低成本；管理的出发点只是利用员工希望提高工资的需求，迫使员工按照管理者的意志来操作，从而达到降低成本的目的。当员工的工资需求得到满足后，管理者则无计可施了。他们发现，金钱并不能解决很多问题，因为员工还有别的诉求。

目标管理时代，权力的中心逐渐转移到客户，以客户为导向，市场份额成了最重要的追逐对象，似乎只要市场份额第一，就一定有利润，管理本质并没有变：企业依然是财务导向，员工仍然被视为能带来利润的资源。目标管理作为手段，创造的是自我管理的结果，至于员工内在需求、内在感受，很少有人关注。常常是，目标达成，员工的积极性反而下降了。

让我们回到现实，看看目前员工所发生的变化。今天大部分加工厂和服务业的主要劳动力人口已经是"80后"、"90后"，他们对工作的期望与"60后"、"70后"不同。上一代人背负着他的梦想和整个家庭的希望，而这一代的人诞生于互联网时代、成长于全球化浪潮之中。新一代的员工更有文化、更加自我、视野更加开阔、也更乐于表现。他们不仅对传统的经济关系，同时也对传统的权力关系构成挑战。在他们眼中，喜不喜欢很重要，自由很重要，认同很重要，他们对控制、管理和等级已经越来越缺乏耐心和容忍。面对这样的群体，单纯的科学管理和目标管理的方式已经失效。

在多年的教练与咨询辅导中，我发现很多企业都是"伟大的老板，平凡的员工"！企业规模越来越大，员工越来越多，老板们依然维持创业初期的从上到下的决策方式。当老板走进公司，员工立刻表现出崇拜和敬畏。老板们更是十项全能，无所不管，他们总担心自己一旦离开就会出问题，这种焦虑折磨自己，也煎熬员工。

在全能老板的管理下，无论是员工，还是管理者，逐渐失去了做决定的勇气。在工作中遇到任何问题都会去问老板，你怎么看？老板们在不情愿地做出决定之时，还会埋怨甚至指责下属“没有责任感”。殊不知自己陷入了恶性循环：决策越多，员工的机会就越少，越埋怨，员工就越不敢承担责任。最终，所有决策都是老板的任务。问题出在哪里呢？

新经济的出现增强了公司对“员工”这一要素的重视。新经济时代的公司（如互联网公司）不仅宣扬员工在经济中具有巨大价值，并且在实践中也遵循这一理念。互联网公司给予员工大量的财富和机会，比如股票期权，直接参与有意义的工作以及额外的激励，让员工走向舞台的中心。

教练管理，关注员工的梦想、兴趣、感受、渴望、成长等，通过一系列机制和体制来构建员工与工作、员工与管理者、员工与企业之间的内在关系。在这种关系中员工不是孤立的，员工与工作之间在互动，不是以工作为中心，不是以任务为中心，而是以员工为中心来分配工作，通过工作内容丰富化，来满足员工的工作的需求和成长的愿望。

我曾经遇到过一家上市公司，有5家子公司，其中有2家不盈利，2家亏本，只有一家盈利，当这家唯一盈利的公司总经理和我深入交流时，我问他：“为什么他们都不赚钱，唯独你赚钱？”他想了很久，告诉我：“主要是对员工的态度。我认为员工才是企业真正的宝贝。”他们公司非常在乎员工的生活，特别是员工住宿、食堂、薪水、子女上学、员工心理等。如果有双职工，甚至帮他们安排夫妻宿舍。

"是通过工作来成就人，还是通过人来完成工作?"教练管理推崇前者。这种思想本身就是竞争力，诚如松下幸之助说："我们造人，顺便造产品。"培养人、塑造人，才是企业真正的战略优势所在。

持续稳定增长，是所有企业的梦想。伟大的企业家都渴望基业长青，但大多数人找不到秘诀。

三、"一线员工"成为主体

只要给机会，普通员工也一样能成为优秀员工。管理就是如何让普通人创造不普通的成绩。从以"管理者"为中心到以"一线员工"为中心的转变是"互联网+"时代的大势。

在互联网时代，如何为客户提供独特的价值和体验，成为企业竞争力的关键要素。这种持续的提供能力，不仅需要个别天才的贡献，更需要所有人做出卓越的贡献，包括质量、服务、创新等，其中，一线员工（不只是体力劳动，包含设计、生产、销售、服务、支持等所有一线人员）是绝对的基础。

遗憾的是，直到20世纪中叶，企业管理者才将一线员工看作有自我管理能力的个体。在这方面，心理学家库尔特·列文功不可没。列文进行了一项群体动力学研究。这个研究改变了人们对于时间—动机驱动的泰勒式的强调，转而强调动员、群体互动、沟通的形式。

20世纪50年代，接受了列文方法的心理学家继续关注管理中的人际关系，从而引发了一场人际关系的革命。麻省理工学院斯罗恩学院的教授道格拉斯·麦克格利格阐述了一种管理理论，它尊重每个人对自己工作事业负责的愿望。麦克格利格认为，员工需要一种有用的工作，对自己所做之事天生感到骄傲。其中特别重要的是：尊重人对于激励人十分重要。他表明，当人们拥有机会、技能、权威和支持时，自我管理就是可能的应用。

事实上，多数企业的天花板来自对一线员工认知和错误的定位。以“管理者”为中心的模式遏制了一线员工的动力、激情和创造力。

以质量和客户服务为例。质量是企业的生命线，管理者虽然有权为监督产品和服务而负责，以使其符合预先设定的质量标准或水平；但是，这些产品和服务的价值决定于员工的技能、知识、经验、学习、士气和精力。尽管有一套客观量化的质量标准很有必要，然而，若要实现质量的持续改善，则必须依靠一线员工的愿望、态度和能力。——这些要素不能从外部进行控制，只能来自员工内在的责任感和动机。

在高度竞争的知识经济时代，提供与众不同、独一无二的产品已经变得非常困难。绝大多数时候，企业之间的差距表现为质量、生产率和成本方面的微小改进。这种持续改善不会产生于几个管理者的灵光一现，而是发生在所有员工自觉自愿的行动之中。

卓越组织虽然方法各异，但目标高度一致：鼓励一线员工参与和自我管理。比如：让员工自己负责改善质量；财务开放，团队可以直接获得信息并接触同事和顾客；员工有机会分享财务所得；员工有权力随时解决问题。

教练管理的核心思想是“以人或生命为中心”，一切的管理出发点就是围绕人和人的感受，即觉醒的核心过程及其激发的行动而展开的。真正的员工自主，需要企业为员工成长构筑支持性的环境——一个让员工能够受到激励的场域。

2.1.2　员工激励

乔治·华盛顿曾说过：“战争必须有条不紊地进行，而想要做到这一点，就必须激发战士的荣誉感。”市场便是企业的战场，能否取胜，就看企业激发员工的能力。

员工激励是管理的核心要素和永恒主题，在市场竞争越来越激烈的环境中，如何打开员工的心扉，如何激发员工动力和热情，如何增加员工的投入度，已经成为管理的重要主题。慧聪商情公司的 CEO 郭凡生说过：“谁能让员工干工作就像干他们自家活一样勤劳敬业，谁就是全世界最伟大的企业家。”诚哉斯言！当员工将工作当作自身的事业时，将迸发出巨大的创造力。

一、“激励” ≠ “奖励”

谈到员工激励，人们首先想到的往往是使用奖励，比如金钱，认为只要多给员工一些钱，就能够让员工全力以赴的工作。事实果真如此吗？美国心理学家赫兹伯格，在 1966 年《工作与人性》一书中首次提出了“激励因素与保健因素理论（又称双因素理论）”。他把企业中有关因素分为满意和不满意两种，满意因素可以使人得到满足，它属于激励因素，这是适合人的心理成长因素，如成就、赞赏、工作内容本身、责任感、上进心等。不满意的因素是指缺乏这些因素时容易产生不满和消极的情绪，即保健因素，包括金钱、监督、地位、个人生活、安全、工作环境、政策、人际关系等。赫兹伯格对金钱与激励之间的关系提出质疑，他指出，与工作满意相对的不是不满意，而是缺少满意感。也就是说，在实际工作中，员工的很多不满都是属于工作环境或工作关系方面的问题，如果改善这些情况，就能消除不满，维持原有的工作效率，但不能激励员工有更好的表现或提高工作热情。可见，金钱并不能持久地激励员工。

那么，员工是如何被激励的呢？波特和劳勒认为一个人的激励来源于努力、绩效、报偿和满足等之间的变量关系。他们指出："假如人们估计能够成功地从事这类工作而需要做出努力，并且由此获得报酬的可能性时激励的程度就大。"① 研究表明，人们在工作中的积极性或受激励的程度不只受到单个因素的影响，它们之间的关联也并非线性的因果关系。

那么，员工的持续驱动力究竟来自哪里？马斯洛认为，人的需求有一个从低级向高级发展的过程，人在每一个时期，都有一种需求占主导地位。人们在解决了生存和温饱问题后，工作的驱动力也在不断地变化。当物质刺激到达一定程度后，便会失去效力。事实上，迷信金钱奖励，最终会发现对奖金不满会变成负面的工作诱因，从而削弱员工对工作的责任感。

真正问题的关键是当前的管理和管理思想是围绕一个非常不好的理念展开的：工作就是为了赚钱。这个理念是创造力的最大杀手。不幸的是，今天的家庭、学校因循守旧的教育模式继续重复着这种行为："如果你做到了，我们就给你买那个。""如果你好好学习，就能上高中，然后就能上大学了。"这些理念会破坏创造力，因为它将我们谋生的职业或工作与我们真正关心的所在拆分开来。

所有伟大的发明家、创造家、企业家以及社会活动家，都有着相同的内在历程和满足感的源头：热爱你所做的，做你所热爱的。史蒂夫·乔布斯可以被称作工作型创业者的最佳典范，他说，这是成就伟大事业的唯一途径。

教练管理认为激励的本质是自我激励，人类行为的驱动力是内在的热

① 转引自郭咸纲：《西方管理思想史》，北京联合出版社 2013 年版，第 168 页。

情和使命，而不是外在的奖励和惩罚。

二、唤醒员工责任感

上一节我们谈到，激励≠奖励，金钱并不能持久地激励员工。更为严重的是，金钱刺激会导致交易思维的盛行，即：用钱买劳动，或者用劳动换钱。交易思维使得企业的人际关系简单化、功利化，从而毁掉人与人之间的情感基础。而且，金钱奖励也不总是奏效，只有当员工已经有意愿追求更高绩效时，发奖金才能导致更高的产出，否则反而有破坏力。管理者需时刻警醒：物质激励非常必要，但不能滥用。

如果金钱不是鼓励杰出表现、吸引并留住人才的关键，那什么才是？

“谋生存已经不够了，”德鲁克写道，“工作也构成了生命的一部分。”如果你想留住那些优秀的员工，你需要给他们提供一种感觉，即他们正从事着一件重要的、能实现其个人使命的事业。到最后，这些心理上的需求就变得与你付出的薪水同样重要，甚至更重要些。

换句话说，工作必须被赋予一定的意义。你需要确保自己的团队成员都全身心地投入以实现公司的目标。确保他们感到，这些目标是值得追求的，并且在实现这些目标的时候他们起到了重要的作用。当个体看到自身与整体的联结，看到自身为整体所做的贡献时，就能感受到意义的存在。可如果我仅仅是一名工人，为 iPad 的全球供应链组装产品，拿着微薄的工资，又能从中获得多少意义和使命感呢？这是有相当难度且非常必要的任务。比如，创建一个令人满意的工作场所，共启企业的使命、愿景、价值观，进行清晰的价值定位，让每个人都知道自己在为客户创造价值的同时如何实现自己的价值。

在教练实践中，我们发现，责任感是强劲的驱动力源泉。人们无法用金钱买到责任感。责任不是压力，也不是勉强。责任是一种自由选择，一种能力，一种自觉自愿的态度。在没有强迫的自由状态下，你做出决定，便是做出承诺，责任感由此产生。比如，当你看到质量不达标或交货期延迟，员工会有本能的反应，我能做些什么？这就是一种责任感。

激发员工责任感一般有以下三种主要方式：设定高绩效标准；联结工作与使命；提供员工参与的机会以培养管理者的愿景。其中，绩效标准和联结工作与使命是激发员工责任感的内在条件，它们本身不会提供动机。只有当员工拥有管理者的愿景时，也就是说，如果员工能站在管理者的角度来看待企业，认为自己的绩效将会影响企业兴衰存亡，他才会承担起达到最高绩效的责任。

员工在管理中的作用，不仅是“参与”，而且必须做到“分担”。员工参与管理，不是管理者和资方的恩赐，而是自身就具有的权利。这些，我们通过从“人性的基本假设”的角度获得更多的思路和灵感（表2-3）。

表2-3 基于“人性假设”的激励方式

人性假设	基本观点	激励方式
经济人	利己	“物质”奖励
社会人	人际关系	对员工本人和家属福利和地位的关心 不只为自己工作，为团队工作
自我实现	五大需求	工作内容丰富化 找到对工作的爱好 员工参与

三、优化分配机制

组织成功的关键要素在于获得员工的合作，不受激励的员工是组织最大的成本。在员工激励中不仅需要建立情感关系，同时也需要平衡利益关系。很多企业家逐步领悟到，“员工与企业之间的关系是分配关系，而不是劳务关系。”20 世纪管理最大的挑战是控制，21 世纪管理最大的挑战是分配。一套合理的分配制度，是有效激励的组织保障。

安利（Amway）作为全球最大的直销公司，在其快速发展的背后有着一套鲜为人知而又充满威力的分配制度。这套制度规定每个营销人员不仅可以获得销售产品所获得的返利；而且还有组建团队、培养人才的奖励。这些基于绩效的奖励承认营销人员工作中所创造的价值，营销人员不仅可以获得物质的奖励，还有非物质的奖励，如海外旅游、业务研讨、学习进修等。也就是说，营销人员不仅在自用产品、分享产品的过程中体验到成就感，而且还有一套激励和保障机制，它从人性的角度出发，比如规定即使你生病，不干了，但只要你所创造的营销与消费者一体的组织还在健康运营，你就可以持续不断地获得利益。可见它已经不仅是基于利益的分配，还有对私有财产的尊重，对人性的深度关怀。

这里说的分配制度不仅仅是金钱，还有信息、权力等。关于分配，存在着严重的误区。一种广为接受的观点认为，“企业管分钱的事，经理人管赚钱的事”。也就是说，如果你去激励人，被激励的人只是去做事；如果你去做好分配机制，想分钱的人就去赚钱。这样理解的本质仍然是将金钱置于分配机制的核心，必将导致交易思维的横行。

分配制度解决的是对价值创造的主体给予报偿的问题，不仅包含金钱，还有愿景、机会、职位、能力提升等各种回报。从操作层面看，它包括企业的产权制度，以及与之相适应的薪酬制度、奖励制度、员工持股制度、劳保福利制度等等。分配制度的根本任务在于释放生产力，把员工从压力和控制中解放出来。

分配制度与“为谁干”的问题密切相关。如员工持股计划，便能在一定程度上激励员工“为自己干”的劲头，但如果分配不均，“为自己干”便会成为奢望，因为冲突和攀比的情绪会占据上风。分配制度的设立必须以价值为中心，回答四个问题：什么是企业价值？谁创造了企业价值？如何评估价值？如何分配价值？对这些问题的回答构成完整的体系。

价值分配应当综合考虑多个维度，处理好各种矛盾。比如个人与集体、劳动与资本、公平与效率、短期与长期、历史贡献者和当前贡献者、期望与现实等。华为公司总裁任正非就明确指出，华为视“组织权力”为一种可分配的价值，将发展机会和组织权力置于价值分配的优先位置。华为的价值分配理念强调“以奋斗者为本”，引导队伍的奋斗和冲锋。任正非说，“公司的价值分配体系要向奋斗者、贡献者倾斜，给火车头加满油。在高绩效中去寻找有使命感的人，如果他确实有能力，就让他小步快跑。差距是动力，没有温差就没有风，没有水位差就没有流水。我主张激励优秀员工，下一步我们的效益提升就是给火车头加满油，让火车头拼命拉车，始终保持奋斗热情。”①

可见，作为员工激励的“硬件”，分配机制具有强劲的驱动力，也因此其设计的逻辑起点变得极为重要：倾向于员工还是管理者，倾向于个人还是团队，倾向于业务部门还是行政部门等等，都会带来不同的结果。

每个人都想获得丰厚的收入，乃人性使然。好的管理不需要在基本工

---

① 黄卫伟：《以奋斗者为本》，中信出版社 2014 年版，第 60 页。

资的问题上讨价还价，也不要求员工成为大公无私的"活雷锋"，但要求用新的方式支付报酬。要知道，在一个人的工作中，薪水、奖金、福利的位置越显著，就越会扼杀创造性，降低人们的表现水准。公司用钱这样的物质回报来激励员工的时候，也就是员工最缺乏动力的时候。更好的策略是让报酬数量合理，然后再把它们扔到注意力范围之外。好的激励方式是给员工报酬的数量和方式能够让员工几乎忘了报酬这回事，而只是专注于工作本身。这里有三个关键方法——

• 确保内部公平和外部公平。任何薪酬问题中最重要的一点就是公平。公平包括两个方面：外部公平和内部公平。内部公平是指员工的工资与同事的工资比较起来应该适当；外部公平是指员工的工资应该在和类似机构做类似工作的其他人的工资处于同一水平。

• 报酬要高于平均水平。如果你为员工提供了基线报酬，实现了内部公平和外部公平，那么就考虑一下诺贝尔奖获得者最先发现的一个做法。20世纪80年代，诺贝尔经济学奖得主乔治·阿克尔洛夫和珍妮特·耶伦发现，如果向优秀员工支付的工资比市场需求略高一些，公司就能够吸引到更优秀的人才，减少人才流失，激发生产力，提高员工士气。经济学家也已经证明，基本工资略高比有吸引力的奖金结构更能提高绩效，更能增加组织认同感。

• 考核标准衡量因素要广。如果你是一名产品经理，你的收入由以下这些因素决定：下个季度的销售额、明年的销售额、公司未来两年的收入和利润、客户满意度、有关新产品的想法以及同事对你的评价。如果够聪明，你也许会努力销售产品、服务客户、帮助队友，还有做好本职工作。当考核标准变得更广，员工的关注面就会变宽，而不是瞄准一两个财务指标。当然，不同企业需要根据具体情况制定合理的衡量标准，并且保持动态的调整。

总之，员工激励的重点是反思激励的有效性和持久性。员工激励不能只是停留在物质激励上，还要深入员工的内心如责任感、自我实现、激情等。为什么我们的生产力始终上不去？纵观所有行业，利润最丰厚的公司是总运营成本最低，而不是支付工资最低。事实证明，以员工为中心，允许员工参与决策，对员工的劳动给以公平的回报、提供良好的培训和职业发展，员工就会回报以更高的生产力。

2.1.3　员工成长

管理最大的价值莫过于如何创造组织环境，让“人”获得真正的成长。教练管理的核心思想是员工自主，这意味着更少的管理和领导，其中最大的挑战是员工的自我管理和自我成长。也就是说，即使员工主动而且愿意承担责任，但如何才能令员工持续成长呢？

今天，大量的公司都接受了“人本主义”和“员工是最大的财富”的思想，而且投入不少精力进行人力资源开发，效果却一般。究其原因，是未能触及员工的内心。我们都知道，如果没有由内而外的改变，成长就不会发生。而真正承诺自身或他人的成长，要靠一种信念的力量。

许多年来，我观察很多优秀的企业或卓越的管理者，他们在员工成长方面主要做三件事：展现承诺，发现并培养未来的领导者；行动学习，授权挑战性任务，把学习与工作相结合；创造逆境，锻炼员工的抗压能力。

一、展现承诺

成长始于承诺。如果没有自我发展的意愿，靠拔苗助长是暂时的。员工成长源于员工和企业都愿意投入时间和精力。教练管理相信每个员工都愿意追求一种有意义的愿景，想要做出贡献，想要对结果承担责任；而且愿意检查自己行为，并尽力改正错误，纠正问题。

企业需要做的最重要的工作之一，就是要建立成长的环境。成长绝非一日之寒，从量变到质变既需要时间，也需要能量，这两个要素相互影响；如果时间短则需要更多的能量；反之，如果能量小，就需要更长的时间。简单用一个公式来表示，成长＝时间×能量（图2－4）。

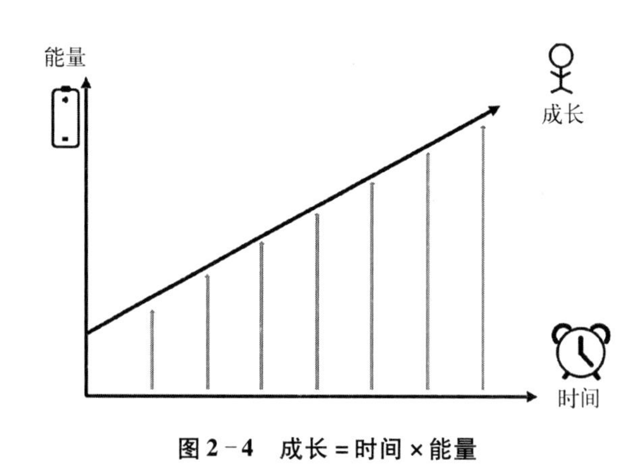

图2－4　成长＝时间×能量

在现实中，企业的领导者常常要求员工承诺投入组织的目标中。但是，真正的问题是：组织的承诺投入是什么，那值得你花足够的时间和精力吗？任何事物的成长都需要一定的时间，正所谓“十年树木，百年树人”，人的成长更是需要时间。在管理中最大的挑战在于，企业或管理者是否愿意花时间和精力去支持和陪伴员工成长。失败的公司往往显得没有耐心，要么不花时间培养员工，要么希望直接从外面找现成的人才，但实际上真正成功的总是很少，这是因为来自内部的员工成长需要管理者付出心血、时间和精力。

员工成长要从承诺投入真正重要的东西开始。“目标—成长—承诺”之间有着内在的逻辑。企业要完成更大的目标，就需要所有员工的成长，而员工的成长始于员工与管理者之间双向的承诺。如果没有值得承诺投入的目标，就无法激发热情、想象力、承担风险的勇气、耐心、坚韧不拔的毅力，以及对生命意义和价值的追求。

在企业实践中，教练发展出各种形式“面对面相互支持”的一对一对话或小型工作坊。这种工作坊有各种主题或专题等。当你遇到问题时，无论是绩效问题、客户投诉还是质量问题，大家不是相互指责，而是形成交流对话，彼此倾听并能够相互接受对方。当大家围坐在一起，了解正在发生的事，探讨解决方案的时候，每个人都是平等的，每个人都感觉需要和被需要，支持环境便会形成。在工作坊中，问题不是哪一个人的问题，而是每个人的问题，大家通过相互帮助来学习。这种的互动将形成管理者与员工之间的强烈联结，信任感、认同感、依赖感都会加深，在此过程中，承诺会带来更大的成长。

二、行动学习

员工成长受阻最主要的原因，恐怕就是学习活动的支离破碎，即把学习任务安排成“附加”的活动，分立于大家的日常工作之外。学习最重要的是学以致用，如果你学习的很多东西在日常工作中很少有机会应用到，情况会怎样呢？教练的工作即帮助员工在工作中学习，特别是遇到很复杂的挑战和问题时，每个人都可以发起以上我提过的工作坊或“一对一”的对话。

通过这种对话去深入反思问题背后的假设、表象后面隐藏的意义，并把整个系统的各个部分联系起来。只有这样，我们才能理解实际情况，才能达成共识，进而采取行动。但重要的要把反思和行动结合起来，如果只有反思而没有行动，则真正的学习就不会发生。

“绩效”≠“能力”，在现实中很多企业过于关注短期业绩的提升而忽视员工的个人能力的发展，特别是个体心智模式的反思改善，最终导致组织绩效无法得到持续的提升。

“学习”≠“成长”，表面的学习不代表内心的成长，诚如古语所言，“学而不思则罔，思而不学则殆”。想要提升行动的有效性，你就需要克服思维中固有的缺陷，提高自己的思考能力。通过行动与反思相结合，能帮助每个人做出更好的决策。特别是遇到失败、错误或意料之外的形势发展时，我们需要马上进入解决问题的状态。这就需要我们建立跟踪决策效果的程序，这包括建立一个明确的时间表，时间一到，我们就需要回顾关键问题和争论点，并做出评估，看事情是否像预想的那样，或许也能看到始料未及的东西。在这方面，美国陆军开发的“行动后反思”的学习机制，很有借鉴意义。

行动后学习机制（After Action Review，AAR），最早用于美国陆军在一项任务完成后的检视方法，目标是让人们在行动过程中就能学习：了解行动意图是什么、为何是此意图、意图是否达成、过程中发生了什么、可从中得到什么教训、如何将此教训带入下次行动中等。AAR 的目的不是在评定对错、成败与奖惩，而是在于学习，尽快地缩短行动与学习间的差距与速度，要人们变得更加行动导向，而非做更多的分析。

依据美国陆军的经验，AAR 的讨论历程最好是根据结构化步骤来进行，包括：

- 当初行动的意图是什么（What was the intention）：当初行动的意图或目的为何？当初行动时尝试要达成什么？是怎样达成的？

- 发生了什么（What happened）：实际上发生了什么事？为什么？怎么发生的？

- 从中学到什么（What have we learned）：我们从过程中学到了什么新东西？如果有人要进行同样的行动，我会给他什么建议？

- 如何将学习转化为行动（What do we do now）：接下来我们该做些什么？哪些是我们可直接行动的？哪些是其他层级才能处理的？是否要向上呈报？

在 AAR 的讨论历程中，领导者的任务是营造与维护一个聚焦、开放、安全、客观的对话环境，领导者的角色是扮演一个教练，而非答案的提供者。

今天，行动学习作为人才开发的方法越来越流行。行动学习把“解决一个实际问题作为学习的主要方式”。在我辅导的企业中，每个年度都会通过项目小组采取特殊的战略行动，如新产品开发小组、新市场突破小组、成本结构调整小组、质量提升小组、新技术应用小组等。通过这些跨部门的特别行动小组来训练员工在困境中瞬间决断的能力，目的是培养出能够克服重重障碍、完成使命的领导者，而不是缩手缩脚的严守纪律者。

每次项目里程碑的主题工作坊上，都会进行深度反思，反思上个项目行动中的得失。在这个分阶段回顾的主题工作坊中，所有的项目相关人员都要坐在一起进行回顾，项目教练就是带领大家反思：“你的行动计划是什么？具体你做了些什么？有什么在阻碍你？你采取了什么新的行动？是什么情况促使你这么做？为什么这么做？如果你当时知情，还会这么做吗？”每个人都可以发表意见并彼此学习，形成一个良性的学习循环。

三、创造逆境

心智成长一日千里，技术成长点点滴滴，挑战是所有学习的原材料。

“当一只幼鹰出生后，需要成百上千次的训练，否则就不能获得母亲口中的食物；再大一点，母鹰把幼鹰带到高处，或树边或悬崖上，然后把它们摔下去，飞翔的幼鹰将面临最后的考验，因为它们正在成长的翅膀会经受残酷的考验。通过层层训练的幼鹰才能成为真正的天空的王者，生存于残酷的大自然中。”①

事实上，教练管理需要创造一种逆境或挑战，来激发员工的潜能。多年的教练实践让我坚信，没有遇到逆境就不会有真正的成长，正是逆境、危机、挑战等引发了内心情感的躁动，最终促使潜能的发挥，达到更高的水平。只有你经历失败或者遇到挑战时，你才会发现自己拥有什么，缺乏什么。每个人从失败中学到的东西远比从成功中学到更多。

当我们勇于面对并战胜逆境时，会建立强大的自信。今天，员工遇到的最大的挑战之一是适应性，无论是外部环境的不确定、竞争对手的变化、内部岗位的变化、领导的调整、目标的挑战等，有些人可以很好地调整并适应新的环境，而有些人在几个月内都无法适应新环境。教练之所以成为最新的管理模式，主要是因为当你对事情了解得并不透彻时，你还必须继续发挥出高水平，教练就可以有效解决这一难题，因此，教练也被定义为“不确定的管理”。

逆境是最好的老师

逆境是什么？每个人都有不同的看法，对一个人来说是威胁或危险，在另一个人看来则可能是机遇。可以说，区分一个教练是不是善于培养员工的成长，很重要的一点就是教练是否相信逆境是最好的老师。

---

① 彼得·詹森：《唤醒》，江西人民出版社2015年版，第50页。

通常当事情进展得很顺利，人们对现状非常满意时，更容易全心投入，努力上进。但是，只要遇到逆境，我们就可以看出一个人的发展程度。真正的能力是在现实的环境做出来的，而不是实验室。在教练中，我发现很多管理者平时沟通能力还可以，但一旦遇到挑战、困难或失败时，就立即情绪失控。

特别是在目标没有达成、客户投诉、关系紧张、观点不一致、资源短缺、利润下降等压力下，如果领导者或员工没有不断追求突破的意识，就不会变得更优秀、成为出类拔萃的人。事实上，如果一个人没有遇到过挫折、经历过失望，你就无法激励他们前行。作为教练，在管理中你从来不要想着让别人有所发展，你只有给员工提供适当程度的挑战才能使他们得以发展。

逆境是检验目标与计划达成的方式，可以进一步建立员工和教练的自信。经验丰富的教练清楚地知道员工可能遇到的困难和陷阱，他们也应该让员工了解这些陷阱，并找出这些解决困难的方法。在工作坊中，我经常问学员，他们会如何解决自己遇到的各种问题，但这并不意味着他们一定会遇到这样的困境或避免逆境。因此，教练采取行动的原则是试着预料可能出现的问题，并帮助员工制定相应问题的相关策略。这一点就像我们做产品测试一样，不断地挑战产品在应用过程中可能遇到的环境，从而更好地完善产品。

在管理中，逆境通常出现在员工的表现没有达到标准或经历意外的时候，优秀的领导和教练不想创建一种高压、反抗的环境。为了提高员工的成功率，你需要让员工有效地处理逆境并勇敢面对挑战，你需要对这些预期的困境做出指导。如果你做好了充分的准备，处理困难就容易多了，这不是一种学习经历，而是一种成长经历。

接受自己、接受事实

这些年来我一直在问，作为教练或领导，我真正发挥的作用是什么？经过深入的思考，我发现教练工作很重要的一点就是帮助初学者形成察觉，因为自我察觉可以将困境扼杀在摇篮中。在关键时刻教练能做的最有益处的事情就是提醒他们：他们是谁？现在正在发生什么？

在压力下，人们对自己的能力和竞争力缺乏认知，这很正常。如果此时有人提醒我们曾经处理、战胜过的困难——那些我们曾经认为无法解决的问题，让我们意识到自己拥有的无限潜能，这对我们非常有帮助。因为，唯一能让我们超越自己的方法就是接受自己，经验教训会告诉我们需要怎么做才能更上一层楼，当我们回想起这些事的时候，可以真正激发我们的自信。

遇到逆境，人们容易为前景所困惑，为正在发生的事情所烦恼，从而忘记了未来的蓝图和自己的初衷。教练的工作是帮助对方，让他们关注最重要的东西——关注可以控制的状况，以及何时采取行动。掌握主动是在可以做出改变的地方采取行动，放弃无法改变的事情。很多员工在困难面前轻易地放弃了，这对教练来说充满挑战，但更难处理的问题是，不断的“努力”，试图去改变无法改变的事情，将精力浪费在无关紧要的地方。

教练需要做的是帮助人们调整。你首先需要知道员工一开始想要达成什么目标，否则你就无法对他们的表现做出正确的总结。比如，在设定好年度和季度目标、策略和行动计划后，我都会问，“你可以接受什么样的结果?”一个比较好的结果是什么？我们把这个称为挑战性目标；一个让人难以接受的结果是什么？这个是底线目标。这样做的目的是预防人们常常无意识地改变自己的期望值，为自己增添烦恼。作为教练或领导，如果你能预测可能发生的事情，你可以知道员工的心理状态，开始尽快地再次激发团队成员的自信，为恢复士气奠定基础。

毕竟，对于员工来说，在工作中接受挑战性的任务就是学习和提高自己。如果在紧要关头我们每个人都做得非常完美，有足够的执行力，那么就不用上班了。因此，如果我们能接受现实，我们所做的都是学习的机会，我们就能充分利用每次机会。在教练管理中我们不断地帮助员工调整，把每个重大任务都看成重要的学习机会，接受现实，挑战自己。

自我对话、走出舒适区

面对逆境，你怎样调整？这和你的内在对话有关，不同的自我对话、不同的关注点，有不同的感受和结果。在逆境中，教练需要做的是帮助员工进行积极的自我对话，从而走出舒适区。比如，如果你需要找到解决困难的动力。我通常的做法是："如果问题解决了，情况会怎样？你会得到什么？"当看到自己即将得到的东西，对方通常会看到积极解决问题的有利一面，这会帮助我们找到解决问题的动力。

此外，我们还可以问："经历这种改变，其中最大的困难是什么？"我会让对方列出所有潜在困难，然后逐一突破，看看哪些可以控制，哪些不能控制。对于不能控制就先放弃，对可以控制的，我们再问："你需要控制的是哪些方面？你可以将哪些事情看作自身成长和发展的机会？关于这个事情，你可以做什么……"在任何情况下，如果发现有采取行动的可能性都会让人充满激情。因为，虽然我们无法选择我们必须面临的困难，但我们可以选择对待困难的态度，甚至赋予困难以新的意义。

作为帮助员工的教练，不管员工表现怎样，你都需要在项目结束或任务完成后立刻与员工讨论他们的表现，通常越及时越好。无论在课程中，还是在实际教练辅导中我都会建议提前做好时间安排，其中包括“季度工作坊”还是“项目总结会”。我们都会讨论过程中的表现，分析哪个地方做得比较好，哪个地方做得不完美，该如何改善，未来应做什么，等等。通过这样的深入对话，推动员工不断往前走。

对于员工来说，建立自信最有效的方式就是通过顺利完成具有挑战性的目标或者走出逆境。回顾我的团队，他们真正的自信都来源于顺利完成他们认为很重要又很困难的任务。我们可能会赞美、夸奖他们，但是在培养员工的自信方面，与取得成就相比，赞美显得苍白无力。

作为教练或领导，我们更关注过程的表现而不仅是结果。比如每天的表现或项目中每个里程碑的表现。毕竟，能力是在一系列特殊的行动和挑战的项目中培养出来的。在我的训练课程里，我会人为地设置各种障碍和干扰来挑战他们的应对能力。可以说，如果我们想帮助员工成长就必须创设一种逆境或挑战，通过大量的模拟训练、全面培养他们，帮助他们走出舒适区。

总之，教练管理让员工生活更精彩！管理的目的就是要让参与其中的人们生活得更加多姿多彩，组织不是赚钱的机器，员工更不是用来赚钱的工具，唯有真正的尊重人，激发人、成就人，人类才有未来、生活才会更加美好！

2.2 领导者成为教练

提起教练，人们可能立即会联想到体育，如网球教练、篮球教练、足球教练、体操教练等，事实上教练概念被引入商界出现企业教练是最近三十年的事。

关于企业教练的起源，与一名叫添·高威的美国人密切相关，是他率先将教练技术引入了商业界。故事是这样的——

添·高威少年时是一位优秀的网球运动员，曾拿过全美青少年第7名的好成绩。哈佛大学毕业后，他当过老师，创办过艺术学院，当过海军军官。从1971年开始，他一边教网球一边做研究工作。1975年，作为网球教练的添·高威宣称自己找到了一个不用“教”的办法就可以让任何人更快地学会打网球，并且出版了一本书《网球的内在决窍》。当时，没有人相信他的话。后来，电视台以“质疑者”的身份出现了，他们组织了20个从来没有打过网球的人作为试验者，要求添·高威教他们打网球，并现场纪录。他们的目的是证明这是一场骗局。

这一天，20个从来没有碰过网球的人懒洋洋地来到网球场。他们也不相信天下有这样的美事：可以在20分钟内学会打网球。其中一位叫玛丽的女人竟然穿了一条像木桶一样的长裙！她有170磅，已经多年不运动了，赶来是想说自己不参加了。结果，她成了第一个被教练的对象。观众们都睁大了眼睛，看一个穿裙子的胖女人，一个从来没上过电视的人，拿着球拍，像任何一位第一次上电视的人一样，内心充满担心和恐惧。她将如何被教练？

添·高威出现了。当时他还是个年轻人，瘦瘦的，穿着一条有时代特色的喇叭裤。他轻松地挥着球拍，告诉玛丽，不要担心姿势和步伐的对错，不要一副竭尽全力的样子。其实很简单，当球飞过来，用拍去接。接中了就说“击中（Hit)!”；如果球落到了地上，就说“飞弹（Bounce)!”玛丽就照着他的话去做，一副很无所谓的样子，反正不是击中就是飞弹，一切易如反掌。

添·高威接着告诉玛丽，留意球飞来的弧线，留意聆听球的声音。在这样的留意中，人们看到，电视中的玛丽明显地 Hit 的机会多了，Bounce 的时候少了。

最后只有三分钟的时间了。添·高威开始教练玛丽网球中最难的部分——发球。添·高威对她说，想想你是怎么跳舞的，哼着音乐也可以。闭上眼睛，想象跳舞的样子。然后睁开眼睛，随着那节奏发球！——所有的电视观众都看到了，在最后一分钟里，穿着窄裙的玛丽在场上跑来跑去，虽然很不方便，但是很自如地在打网球了！

事后她承认：“如果老是想怎么动反而就打得不好了。”教练鼓励她集中精神去做些事情，忘却恐惧，结果她成功了。[①]

你能从这个故事中得到什么样的启示？

添·高威先生运用了教练技术能够在短短 20 分钟内教会一个从未打过网球的人会打网球。这种从“不会”到“会”的突破如果能够应用到新人培训上将会创造多大的效益？教练具有如此神奇的力量，那么作为企业的领导者，究竟怎样做才能成为一名优秀的教练呢？

2.2.1 教练角色

教练的角色是什么？不同的角色定位和角色认知将决定不同的管理方

① 梁立邦，段传敏：《企业教练：领导力革命》，经济科学出版社 2005 年版。

式和管理行为。角色存在于关系之中，管理者的角色由管理对象和管理者之间共同构成，两者之间的动力构建成了系统。如果要改变这个系统，两者都需要改变。上一节阐述的主题——员工自主管理——只是系统中的一方，只有透过另一方的变化——管理者转变成为教练，才能将管理者—员工系统真正激发起来。

在管理三要素——管理对象、管理关系和管理目标——中，最关键的部分是管理关系。作为管理系统的连接器，它既是员工与员工的连接，也是部门与部门之间的连接，还是企业内外部的连接。从系统的角度看，管理关系是赋予企业生命、注入活力的要素。

过去，管理者与员工之间的命令与控制关系产生了很多问题。例如，许多员工更愿意被独裁的管理者命令去做些什么，更愿意接受自己像小孩般被人对待的现实，并以此来换取对责任的摆脱和更小的压力。他们愿意盲目地遵从等级权威，并在上司面前保持沉默以换取职场安全。事实上，做一个唯命是从、不用思考的懒汉与做一个对结果负责的自我管理的团队成员，前者比后者要容易得多。

被其他人指使去做事，多数时候并非个人问题，而是系统问题。在这种管理模式下的员工会产生一系列反应：盲目、机械服从、不管结果、消极抵抗、阳奉阴违等。长期的历练让员工学会不去关心企业甚至他人，为过失寻找理由，不愿承担责任，将自己的过错推诿给别人。对企业和个人，这是最糟糕的双输结局：员工失去了动力和能力；企业浪费了资源和前景。

员工的负面反应投射出管理者的角色错位——发号施令、颐指气使的威权风格。要改变员工，管理者必须改变自己、转换角色。他必须丢弃傲慢、摒除偏见、改变无知：他需要平视员工，他需要重新了解自我，他需要聆听员工的声音。当管理者对新的角色有了感觉，一种真正的责任感和动机便会在内心生长，他会发现，员工也跟他一样会发生惊人的变化。那种情形如辛勤的园丁看到绽放的鲜花一样，充满喜悦、欣赏和快乐。

看一看教练管理和传统管理的区别，就更能体会到教练管理的魅力（表2－4）。

表2－4　教练与传统管理者角色区别

	传统管理	教练管理
角　色	专　家	教　练
关　系	交易对象	伙伴关系
动　力	结果驱动	成长驱动

在传统管理中，管理者更多的是扮演专家，凭借自己的知识、经验进行指导和教育，更多的是关注事情的结果，重视方法和技巧。以自己的知识和权力为中心，单向地强加给员工。而教练管理中，管理者作为教练，更多的是通过倾听和发问相结合的高效对话的方式来帮助伙伴去发现问题背后的困惑和心理纠结，找到问题的根本和自我局限，从而创造新的解决方案。

当领导者转换为教练的角色，就会找到一面镜子，帮助伙伴发现自己，让你看到自己对待工作、客户的态度是怎样的，这些态度会导致什么样的行为以及它们对完成目标或团队合作有怎样的关系，不一而足。

当然，镜子不会教你怎样去调整，教练还必须投身实践，帮助他人成长。教练是催化剂，激发和支持伙伴自己去尝试、去冒险。教练需要发展出各种形式——任务小组、角色扮演、高效对话、游戏、实验、工作坊等——来鼓励员工创造性地解决问题，让员工远离孤立的工作、单向汇报、机械的组织活动。教练需要基于团队而不是个体分配工作，培训团队行为而不是个体行为。

团队中的个体与独立的个体之间有很大不同。许多研究都已经表明，他人的积极认可、感激和承认对个体具有无比强大的激发力量。在他人认可基础上形成的个体自尊、自信将带来持久而强烈的动力。因此，教练需要留出更多的时间来展示或宣扬下属的工作，公开表扬下属的工作，承认他们的努力，将成绩归于他人，公开感谢他人对自己的支持；而不是相反，只是指出他们的错误，批评他们努力不够，甚至贬低辱骂他们。

什么是教练（coaching）?

教练是经常的，双向的过程，在这个过程中，领导者和他的伙伴共享知识和经验，最大化其伙伴或团队的潜能，帮助他或她实现共同商定的目标。教练不是扮演提供答案的专家，而是成为引发对方发现答案的智者，一个成功的教练是抽离的、启蒙的、利他的（图2－5）。

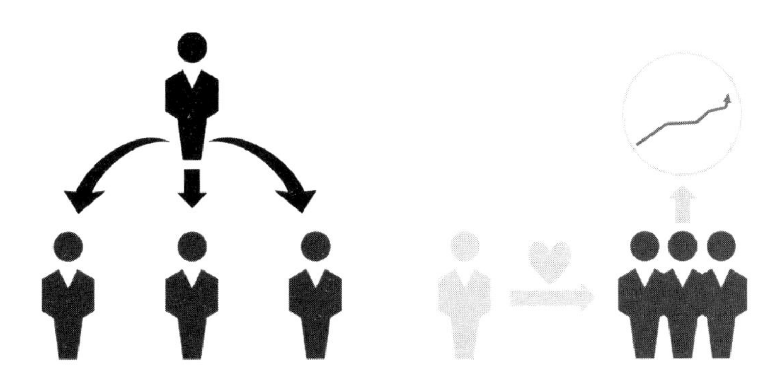

图2－5　从领导到教练的角色转换

一、抽离

抽离就是超越理性和感性的状态。如果我们对关系的理解只是基于理性，那么关系里只有孤立和自负，没有爱。而如果我们的理解只是基于感性，那么这样的理解就没有深度，除了多愁善感，没有爱。只有超越理性和感性的理解是客观的，它坚不可摧。只有这种理解才能成就行动的完整性，才能不受时间的影响。抽离意味着中立，没有偏见。教练本身不教你什么，而是通过观察和对话，帮助你做到最好。

我国古代思想家管子在其所著的《心术篇》一书中，有两句话能高度概括一个教练的角色："无代马走，使尽其力；无代鸟飞，使臂其翼。"这句话的意思是，你不用代替马儿去行走，马儿自己会奋力前奔；你不用代替鸟儿去飞翔，鸟儿自然会振翅高飞。同样的，在教练的过程中，教练不要代替对方去"想"，也不要代替对方去"说"，更不要代替对方去"做"。教练只有从旁边协助对方拨云见日，让对方自己思考，去发现和寻找答案。

很多管理者无法抽离，而是期望员工和自己有一样的特征、信念或行为，结果恨铁不成钢。按照归因理论，人们倾向于把他人的行为归因于他们自己的内部倾向——即特质、动力、价值观和态度；或他们的外部条件，比如环境、处境和社会影响。这种认知偏见会导致管理者在缺乏充足且详细数据的情况下便对某个人做出判断。

当辅导某些特定的员工群体时，上述刻板印象的危险性显而易见。比如有个总监在辅导下属经理时，还没有等对方说完，她就开始告诉对方自己的看法，并且要求对方按照自己的建议行动，结果辅导了七次，效果依然不佳。

因此，如果对方并未觉察教练潜在的刻板印象的偏好，而教练自己也不能觉察到这一点并有效地管理这些倾向，那将显著地削弱教练效果。甚至，最差的情况是，教练过程反而有可能变成一个负面的具有破坏性的体验。

事实上，抽离意味着领导者愿意放下自己的判断、放下自己的面子、自尊，敢于对伙伴说："我不知道，你看呢？"愿意放手、后退、放权去释放伙伴的激情、培养伙伴的独立性、减少伙伴的依赖性，关注但不替代伙伴的成长！

二、启蒙

启蒙就是启发对方有勇气运用自己的理性。教练并不直接告诉人们应该做什么，而是扮演激发者的角色。教练的角色是非指导性对话，也就是说教练不是把自己的经验、知识和看法直接告诉对方，教练是通过倾听、发问和反馈等引导对方发挥自己的智慧。

有一个令教练失效的认知偏见就是领导者倾向于高估自己判断的准确性，这大多数出于他们的自信，而非源于其追求准确事实的愿望。过于自信偏见，如果不被检视，便会限制教练准确地收集与员工有关的数据，以至于在互动中削弱其引导员工的有效性。而且，一旦人们被这些价值观和信念所局限，就会对其深信不疑，于是，他们开始过滤信息，只对那些支持他们当前对人、状况和事件的看法和信息进行认知处理。这严重地限制了教练在对话中保持客观。只有深入了解上述思想倾向和自身特质，教练才更能够保持自己的中立立场（抽离），有意识地引导员工朝着目标行事。

教练不是提供解决方案的专家，却是能引发对方发现答案的智者。教练相信每个人都是自己问题的专家，教练不是帮助对方解决问题，而是帮助对方调整看待问题的角度（图2－6）。

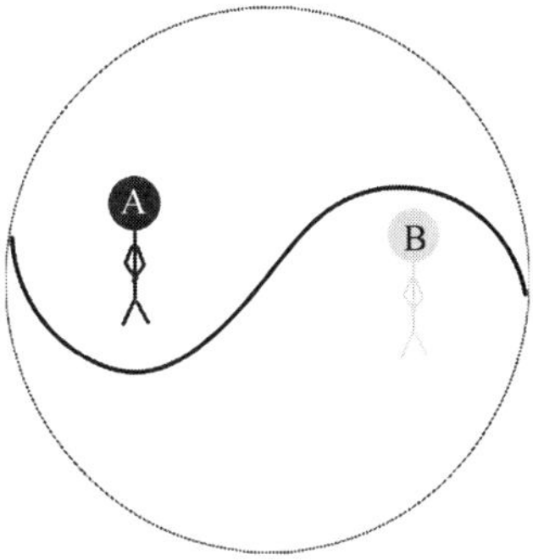

图2－6　教练启蒙转念原理图

比如，人生中你会遇到很多突如其来的考

验，就像你走在路上“一盆脏水”突然泼到你的身上，一开始你可能会受到惊吓，恐惧、气愤，甚至问，这是谁干的？但慢慢你会去思考，到底这“脏水”里有什么成分？是命运强压给你的，还是复杂的人性纠结造成的，或是欲望的反弹，也可能是自找的。但不管是什么，有人会把它当成侮辱、压力、挫折，但我却把它当成成长的养料。你可以想“脏水”对农夫的意义，“脏水”对一朵花的重要。或许你是其中的一棵树，帮助茁壮成长的养分：温暖的阳光、丰沛的雨水、有用的养分。人生不会都是美好顺利的，也不该都是美好顺利的，没有这些不美好的淬炼，人怎么会雕刻出动人的灵魂。所以，能通过这些考验的，就会遇到智慧的转念，能转念成功的，“脏水”就能变成生命的养分。这就是教练的启蒙，通过智慧的转念，所有挫折都是下一个新生的起点。因此，启蒙就是引发当事人站在不同的角度观察和思考，当对方从 A 点移动到 B 点，不是“非 A 即 B”，而是“A + B”，以系统的角度而不是局部的角度，能透过现象看到本质的时候，甚至能转念之间从全新的角度看这个问题，赋予它新的意义和内涵。

三、利他

教练角色的核心是利他，以当事人为中心。教练关系的本质是无条件正向关注当事人，相信当事人和他们的价值、他们的能力，即使他们自己都没有看到这些。这意味着创造一个引发信任的安全环境，无论怎样都能够接纳当事人的本性而不做评价。

这对领导者充满挑战。人与人之间的关系总要建立在相互依赖的基础上，无论是经济层面上的互通有无还是心灵层面上的彼此交汇。然而，此种依赖会使人滋生恐惧，激起内心的占有欲，于是，摩擦、猜测和挫败感便接踵而至。经济层面上的依赖可以通过法律和合适的组织机构来消除，而出于个人满足感和幸福感等的渴望而产生的心灵上的彼此依赖，难免会伴有自觉和不自觉的恐惧感和猜疑。特别是亲密关系更是如此，因此关系越近，如直接上下级要做教练挑战就会更大，就因为彼此之间的利益关系。

印度心灵导师克里希那穆提 1949 年在科伦坡的一次演讲中曾说："世界上本没有问题，而是个人在与他人建立关系的过程中制造了问题，这个问题不断扩展延伸就成了世界性的问题。"① 同样可以说在企业中本没有问题，管理者在与员工建立关系的过程中产生了问题，进而扩展延伸就成了企业的问题。

管理中不可避免地会产生关系，但是当关系是建立在自私和占有性的基础上时，就变得面目可憎。随着深入探索和观察依赖和占有欲产生的根源，你会发现，"自我"是摩擦产生的首要原因。如果我们能够认识到最重要的不是对方的行为，而是我们自身的行动和反应，而且能够从根本上深刻地理解这种行动和反应，那么我们的关系就会发生深层次的变化。

在管理中我们需要面对的不仅仅是绩效或行为层面的问题，还有思想和情感等各个层面的问题，只有自我达到和谐，我们才能达到与他人的和谐。教练是建立在和谐关系的基础上，抽离、启蒙和利他都是一种心灵上的关系，要做到这一点需要足够的耐心和真诚。教练的过程就是一个不断揭示自我的过程，在这个过程中，人们会找到失败产生的隐性根源。也只有在教练关系中，人们才有可能实现这种自我揭示。

抽离是指放下自己的观点和判断、觉察你的情绪和感受，以中立、客观的角度来沟通与辅导。启蒙就是帮助对方认识自己。只有抽离才能更要

---

① 克里希那穆提：《论关系》，中信出版社 2013 年版，第 10 页。

引导和开启对方的智慧，从而做到真正的以对方为中心。教练通过对话帮助对方学会观察日常工作中的行动和反应并不断提出疑问，这样内在的成长就自然被唤醒了。教练必须深刻地理解人们的渴求和欲望产生的整个过程，而这种渴求和欲望正是我们生活的核心动力。

领导者成为教练就是要完成一个“以自我为中心”到“以员工为中心”的心灵成长，这是教练管理的基石。如果教练的出发点只是为了自己的利益，那再多的方法和技巧也只是画蛇添足。可以说教练管理的核心就在于此，这点我会在第三篇重点阐述。

2.2.2 教练任务

教练的核心任务是在完成绩效的同时培养人才。那教练在培训和开发人才方面有什么特殊的地方呢？这要从教练的基本原理开始。早在 20 世纪 70 年代，教练服务公司的创始人之一，添·高威先生对于提升人们的绩效曾发现这样一个公式：

绩效（P）＝潜能（P）－干扰（I）

我们也可以简单理解为：绩效＝动力－阻力。要想提升个人或组织的绩效，就是如何激发每个人或组织的动力和减少前进的阻力。通常，企业前进的动力主要来自技术的进步和企业家精神；而阻力或限制性的因素来自资源（土地、厂房和资金等）及人才①。

正是因为资源有限和人才匮乏，教练所要做的就是如何激发每个人内

① 张培刚：《农业与工业化》，中国人民大学出版社 2014 年版，第 62 页。

在的企业家精神，创造内部创业的机会，鼓励创新，营造协作氛围。教练认为每个人都可以表现得更好，无论是行为、技术还是状态。但事实上，企业员工的潜力大多没有发挥。那是什么影响人们的发挥呢？我们发现，在工作中刚开始可能是技能不够或者缺乏资源，但随着员工位置和角色的不断升级，很多技能和资源已经不是根本要素，真正影响一个人发挥潜能的正是他的内在干扰。表面上看，有些干扰来自外部，但实际上大量的“噪音”来自每个人的自我怀疑、害怕失败、无中生有的心态和固有观念：“万一我失败了怎么办”“这件事是不可能的”“这对我有什么好处”“我付出这么多值吗”，不一而足。

如果将人生或职场比作一场马拉松比赛，每个人都存在着两个赛场：外部竞赛和内部竞赛，通常，心智中内部竞赛的意识状态起到了决定性的作用。外部竞赛发生于外部赛场，是为了克服外界障碍，达成外在目标；而内部竞赛发生于参与者的思想内部，是为了克服恐惧、怀疑自我、注意力下降以及对自我能力的限制等心理障碍，赢得内部竞赛就是通过各种能够充分激发潜力的法则、方法和工具，来克服那些自我强加的、妨碍个人或团队充分发挥潜力的障碍。

无论外部竞赛是什么，网球、高尔夫还是商场上的角逐，克服自我冲突的基本方法都是相似的。如果一个人懂得在某项活动中放松心情、集中注意力的艺术，那么这门艺术也能运用在其他活动中。不论是在运动场上，在商业竞争中，或是在某些创造性里，我们都有过轻而易举获得成功的经历，运动员把这种时候叫做竞赛状况。

教练的首要职责是集中精力帮助他人理解并赢得内部竞赛，从而确立赢得外部竞赛的优势。教练的过程集中于克服那些妨碍我们达成优秀和快乐的内在障碍，把我们从内在障碍——如对失败的恐惧、对变化的抗拒、时间压力、烦闷等——中解放出来。

每个人都无可避免地会面对诸多现实干扰，如突发事件、别人的情绪等。但关键不在干扰本身，而在于自身以何种态度来面对。许多时候，往往是我们自身的看法以及内心的想法造成了干扰，干扰影响了行动，从而妨碍了潜能的发挥。诚如佛家有言：菩提本非树，明镜亦非台，心中本无物，何处染尘埃。心定了，则不会轻易为外物所动。

帮助他人克服干扰，就是教练要做的事情。障碍被清除的过程，也是成长的过程、释放的过程。需要注意的是，在实际操作中会有所不同。对于新员工，教练更多的是激发潜能，因为新员工对未来都充满好奇、怀揣梦想。但对老员工，更重要的是帮助他们排除干扰，因为经过一段时间的奋斗，老员工遇到很多的困难和挫折——这些体验会成为他们提升的阻碍（图2－7）。

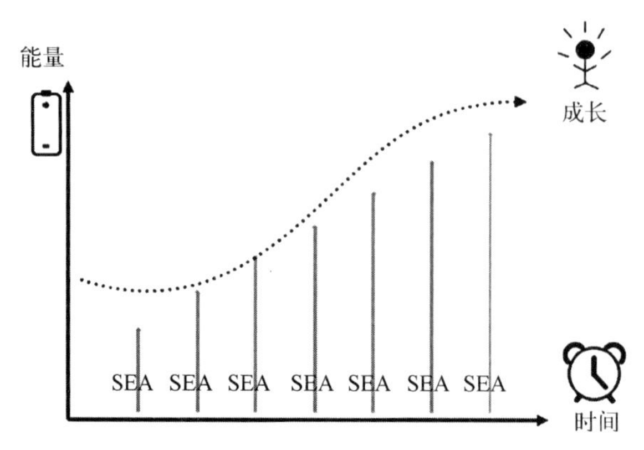

图2－7　教练任务—支持、鼓励、问责（SEA）

一、支持

每个人都充满潜能，但内在驱动是员工脱颖而出的关键，如果我们能激发出所有员工的内在驱动，那企业将无往不胜。那么，教练该如何做呢？真正伟大的教练绝不是教授知识和技巧，而是支持员工尽己所能，积极进取，展示最好的自己。

每个人发展的潜力包括三个部分：天性、成长环境、选择。天性包括遗传等因素，成长环境是指影响个人发展的社会和自然因素，而选择是指无论你拥有何种遗传优势和环境优势，你都会因为选择的作用和能力而超越这些优势。

人生即选择。俗话说“男怕入错行，女怕嫁错郎”，不同的选择造就不同的人生。工作中的每一天你都需要做出选择，做什么，怎么做，和什么人一起做、用什么资源、什么时间、用哪种商业模式、卖给谁等等，教练就是支持人们做出更好的选择。

个人可以有意做出选择，改变自己，成为更高层次的自己，这种自我发展常常伴随着冲突，这时个人会对自己产生某种程度上的不满。最初可能只是外部的冲突，如目标没有完成、客户评级下降、人际关系紧张等，但渐渐地，外部冲突开始内化，“我是谁”和“我应该成为什么样的人”这一冲突给个人再次带来更大的不满，此时的情绪会严重影响个人发展的最终状态。

此时，教练不是强迫个人改变，而是更多地培养自由意志和选择的意识，拉动个体成长；教练不是给个体增加一条新任务，而是摒弃盲点，找到努力的方向，从而引导个体朝着这个方向发展。

总之，教练的支持是全方位的，不只是资源提供、信息共享、情感关怀，更重要的心灵的陪伴。特别是在伙伴接受挑战性任务后，教练的心灵支持就显得足够重要，这一点，我在第三章人才梯队建设这个部分还会重点提到。

二、鼓励

减少压力，建立信心最重要的方式就是持续的鼓励。不只是在伙伴做得好的时候需要鼓励，特别是在伙伴做得不好的时候，更需要鼓励，因为，此时对方的压力最大。现代社会干扰因素越来越多，很多干扰已经成为人们工作或生活的压力之源。面对挑战性的任务，最大的障碍必定来自信心，教练不是教人逃避压力，而是帮助你提高应对压力的能力。特别是在挑战的关键时刻，教练需要帮助员工树立自信，坚信自己是“扭转乾坤”的人。

目前，很多企业都开始关注员工的心理健康。心理健康往往与工作压力有关，事实上，很多压力往往来自自己的直接上司。为此，教练必须了解两个重要因素：压力源和反应。“压力源”是指外部环境因素，“反应”是个人对压力源的心理感受。比如，对员工来说，工作中的压力源可能是时间紧张、任务多、资源少、竞争大、批评等，面对压力的反应则是愤怒、恐惧、焦虑、抱怨、失望等。

每个人对压力的体验各不相同，对一个人来说是压力的事情，对另外一个人来说则视而不见，比如时间、家人的健康、金钱、资源。这些都与深层的观念有关，通过帮助员工发现压力来源，探索压力产生的过程，找到改变的策略并发展长足有效的解决方案，就可以在工作中减少压力。

教练还可以通过帮助员工改善在某个特定领域中的短板，以减少由此产生的压力源，从而间接地减轻压力。例如，某人在做绩效汇报的时候和做报告之前感到非常紧张，教练可以帮助这个人挑战无益的观念，构建有用的信念，同时改进其报告的技巧，这个人就可以在做报告的时候体验到较少的紧张感，及时管理出现的紧张状况。

另一个教练可以帮助减轻压力的例子是减少拖延。对习惯拖延的人而言，拖延本身也制造压力。教练可以帮助这些人挑战与拖延相关的信念，如“我可以在明天做这件事”或“这太无聊了”，并发展更多有益的行为。作为成果，这些人会更加具备减少拖延的能力，降低把事情延后所带来的紧张感。

总之，无论压力来自何处，向上沟通、时间分配、工作与生活平衡、应对问题员工、新项目的挑战等等，教练都会提供一个安全的环境，在那里员工或经理人可以一起探讨，找出应对的技巧，并尝试不同的行为，在此过程中，教练是信任氛围的营造者和内心动力的激发者，而这正是其他管理所匮乏的。

三、问责

问责是什么？问责就是跟进，也是唤醒：教练通过持续的跟进来唤醒伙伴的内在的责任和继续行动的热情，从而创造更高的绩效。在这里，绩效的概念并不局限于取得优秀的体育成绩、季度销售数据或学习成绩，而是一个广泛的概念，它涵盖了组织和个人的整体表现及其自身的发展。

在提升绩效上，教练并不限于培训员工的知识或技能，而且需要唤醒员工内在的绩效标准。教练将焦点放在充分了解员工的思维方式、兴趣、特长等，通过唤醒员工内在的责任感，发现工作的意义和价值，让他们聚焦重点、发挥优势。只要自己愿意承担，有兴趣，他就会自我学习和自我成长。反之，如果他不愿意，那无论你怎么努力，都是白费力气。“不怕万人阻挡，只怕自己投降”，教练相信，意愿有着强大力量，能够引导人们实现其目标，因此教练要做的就是帮助员工将意念集中于他们的欲求和理想上面。如果绩效最佳成为员工们的意愿，那么这一意愿一定会引领他们达成愿景。

在教练实践中，我们发现，影响员工绩效表现的原因有三个：他自己是否喜欢；他和直接上司的关系；团队的氛围，其中与直接上司的关系影响最大。

下面一个案例很有启发。

在一次辅导中，李总告诉我，每个员工都有责任感，但管理的挑战是如何激发员工负责任。员工没有承担责任，通常会有以下三种反应：第一，等待。领导不讲，他就不动；领导不安排、不检查，他就不汇报。领导即使安排，他仍然拖延。第二，推卸。通常的话语是，“这件事不该我做”，或者推给领导，我不会。第三，走人。平时不走，一到关键时刻就逃避，甚至离开。而此时，最大的问题是，许多管理者由于害怕员工的情绪反应，缩手缩脚，不敢管理，最终导致自己亲力亲为，身心疲惫。最终带来的结果是效率低下。那背后的原因是什么？

他认为最主要有三个原因：第一，各层级沟通和信任不够。员工对公司充满期望，希望公司能有很好的发展，但管理者既无法给员工承诺也无法很好地描述公司的愿景，以至于员工看不到未来而失去信心。第二，管理者的角色无法转化。管理者和员工都留恋当初一起干活和沟通的情景，而当管理者成为管理者之后，不再是靠自己做，而是透过一层层的贯彻，很难进行责任界定。第三，没有很好的机制来激发员工愿意负责任。一般都是临时抱佛脚。

李总描述的状况普遍存在，他已经认识到管理者角色转换才是导致上述问题的根源之一，这非常不易。事实上，如果一个员工没有取得好的成绩，首先是管理者的责任，可能是管理者没有正确激发员工的内在动力，没有给他做出榜样，没有花费足够的时间教会他怎样做他的工作。

比如，如果员工在工作中表现懈怠，那一定也有效仿的对象。也许是主管或经理提出的要求混乱或自相矛盾，前后不一致，从而让勤奋努力想把工作干好的员工感到气馁；也许是因为员工感觉到，即使干好工作也不会引起老板的注意，所以才在工作时游手好闲，等到老板走过来冲他们大喊大叫时，他们才会暂时改变懈怠的状态；也许是因为员工认为与同事一起怠工总比因努力工作而遭到他们排挤更好；或者，他们曾经很努力，却遭受不公，被忽略甚至被惩罚，如此等等，都会让员工的心理透支、能量耗竭。

同理，如果员工能够参与高效率的团队工作，那也一定有榜样的力量。也许是由于学习过如何进行团队合作；也许是由于参加过问题解决的团队合作工作坊；也许是由于受过团队行为培训，并随后在工作中获得了支持。因此，管理者成为什么样的角色，将会塑造出什么样的团队和员工。如果管理者将培养下属视为第一责任，不用说，这位管理者的绩效一定名列前茅。

笔者曾与小学三年级学生有过一番对话：

教练：今天，你想与我谈什么？

当事人：谈谈小组的事。

教练：哦，好的。你当选小组长的感觉是什么？

当事人：感觉有点难！

教练：难在哪？

当事人：同学们不听话。

教练：不听话？具体说说……

当事人：比如，老师规定当有同学上台发言时，我们需要看着他。可是有些伙伴就是不看着他，只是自己做作业。我说他，他不听。

教练：哦，那你觉得问题在哪？

当事人：我想可能是我的语气不对，我试过如果我用"请你看着发言的同学"，他就会好一点。

教练：哦，是吗，那你的选择是什么？

当事人：要想让他尊重其他同学，我需要先尊重他。如果我用礼貌的语气与他说话，他就会很听我的。

教练：哦，太好了！你还有什么困难？

当事人：还有，就是他们听不懂我的话，比如，我的数学比较好，我辅导他们，他们不理解，我很没有耐心。

教练：哦，那你的看法是什么？

当事人：我想可能是我太急了。

教练：是吗，那你可以做些什么可以取得不同的成绩？

当事人：我想，我可以试着给他们思路、并给他们讲解为什么这样做，让他们自己做，而不直接给他们答案。

教练：如果这样，情况会怎样？

当事人：那这样他们会感觉非常好，因为答案是他们做出来的。

教练：：他们会有什么感觉？

当事人：他们会很有成就感。

教练：你呢？

当事人：我会感觉更轻松。

教练：哦，太棒了。现在，你感觉怎样？

当事人：我感觉更有信心了，谢谢你。

教练：不客气，祝贺你。这个过程中，你学到了什么？

当事人：我学到了，遇到问题要找资源。希望下次还能请教你。

教练：好的，祝你成功！下次见。

……

小孩子非常聪慧，也很有责任感。作为一个小组长，他知道不仅需要帮助小组成员个人成长，还需要帮助他们提升成绩。而我作为老师，则要帮助小组长进行个人成长。在这里，教练的关键任务凸显无疑：支持、鼓励、问责。

2.2.3　教练能力

将11个部件组装成一台机器，把11个人凝聚成一个团队，哪个更难？毋庸置疑，后者要困难许多。纵观我们周围，你会发现很多企业不乏人才，但每个人更多的是在展示自己而不是展示团队。教练真正的挑战不只是充分发挥每个人的作用，还要把具备不同技术、不同知识，甚至不同类型的人集合在一起，以实现一个共同目标。

为此，教练需要深入的观察和高效的对话来帮助员工自我觉察、思维转换、创新。若想顺利地从领导者转换为教练，扮演好抽离、启蒙、利他的教练角色；同时成功地完成教练的三项关键任务——支持、鼓励和问责，就需要领导者发展出教练必备的三种核心能力：倾听、发问和反馈

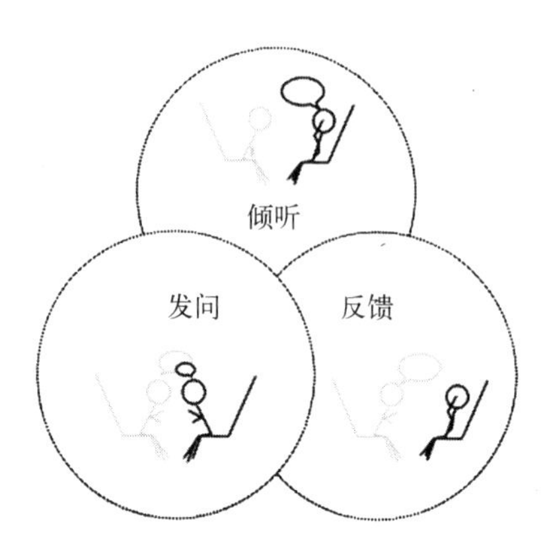

图2－8　教练三大核心能力

（图2－8）。

一、倾听

乐于倾听是唤醒他人自我意识和自我责任的途径，倾听是教练的第一技能，倾听不仅仅关注他人所讲的内容，而是让对方知道你理解他所说的话。试想，如果你到医院就医，向医生描述病情，却感觉医生心不在焉，那么你会相信他的诊断吗？你会遵从他的建议吗？主动倾听也是建立信任最有效的方式。成熟的教练相信倾听员工的意见比表现自己渊博的知识更重要，他更善于帮助和启发他人表达出自己的思想和情感。

回想一下谁是你身边最善于倾听的人？看看那些优秀的教练是怎么做的？一般来说，教练的倾听有一个逐步发展的过程：第一层倾听，惯性思维；第二层倾听，打开思维；第三层倾听，开放心灵；第四层倾听，在一起。

有效倾听的不仅是传情达意，更重要是深度的认同感，可以激发当事人不断地开放自己并进行有效的自我探索。教练要听到一般人容易忽略的内容，特别是语言背后隐藏的含义，如意图、感受、行为、事实、真相和假设。要注意的是，倾听时教练要学会抽离自己的观点、看法、经验和成见，放下自己的判断，这样才能感受对方的感受，激发当事人更好地觉察自己。

无效的倾听首先源于分析或诊断，或者说“用脑太多、用心太少”。事实上试图分析问题会妨碍我们与他人的联系。如果我们只是关心别人说了什么，并考虑他的情况符合哪种理论，那么我们就是在诊断而不是倾听。

在教练中，无论别人以什么样的方式表达自己，我们都可以用心体会其中所包含的事实、感受和需要。比如：当你听到下属的抱怨“收入低、事情多、关心少”，你就不会说：“他真难说话，他太小气了、他太愚蠢了、他怎么不看看自己干了什么等。”而是说：“他不高兴，是因为他需要……”你会发现这两者实际的不同，后者把注意力放在他需要什么，而不是他做错了什么；也就是说真正的倾听是从对方的抱怨中听到他的需求，特别是情感需求。

有效倾听是用既不反对也不赞成的客观态度去聆听正在进行的讲话。这样一旦有新的东西加进来，我们才不会急着去否定它、拒绝它。这并不意味着我们一定要全盘接受他所讲的一切。而是我们必须要有耐心，既然问题已经出现了，那就不妨耐心等待，让问题自己生根发芽、开花、然后不断演进。在课程上我开玩笑说，“让子弹飞一会……”我的意思是教练相信每个人都是好的“种子”，每个种子都会发芽，但每个种子都有自己的“花期”。但多数领导人都是很急躁，急于找到问题的答案或是迅速逃离，特别是快节奏的领导者，风风火火，一听到问题恨不得立即解决。

如果是在教练或辅导中，这样的问题表面是处理了，但并没有从根本上解决，而且双方也没有真正的成长。就像一个领导人跟我说的，他说有一次他教育他的下属，他足足讲了有两个小时，他讲的把自己都感动了，他的下属当场也很配合，一句话都没说，结果呢却是“涛声依旧”，这件事就不了了之。

为了学会倾听，你要从认识你现在是怎样去听为开始。一般地，我们都没有意识到我们听的方式。你可以首先从听自己和自己的反应开始。问问你自己，你在这儿感受到了什么？或者是怎样的感觉？尽量更加仔细和直接地确定你所感受的。从感知你自己的感受开始，把你和自己的内心以及你感受的内心联系在一起。

有时候我们得学会等待，学会细心观察并时刻保持警惕，这样问题才能像洋葱一样被层层剥开。在这个过程中，答案就开始显现出来。当我们耐心等待，不急于立即找到答案时，我们的大脑和思想就会处于一种开放的状态，这时我们才能观察到问题的全貌及其复杂性。我们不必刻意去寻找答案，问题本身就在向我们不断展示答案。

倾听是教练最基础的能力，也是教练最重要的工具。一个优秀的教练，既相信自己也相信对方，既不防卫也没有进攻，只有做到全面倾听，才能赢取当事人的信任，令当事人自愿找寻答案。客观真实的倾听，不加入自己的理解、判断、分析；焦点在对方身上，不仅仅是用耳朵听，还会维持目光的接触，更会用心去感受对方的内心观点。

倾听是非常困难的，我们总是会有自己的观点、想法、偏见、背景知识、倾向、冲动；当这些占有绝对优势时，我们根本听不见别人在说些什么。事实上，在这样一种状态下倾听根本毫无价值。我们只有在注意力集中、保持沉默的状态下才能倾听并学习，那样的整个背景都是顺畅而平静的；然后，交流才有可能。

倾听就是要培养我们内在的沉默，爱默生曾经开玩笑地说，我们大脑中95%的东西是和我们无关的！我们总是非常关注一直在我们脑中的东西，然而真正需要的是一种训练有素的自我遗忘。这对大多数领导者来说都不是一个熟悉的习惯，特别是一些快速发展中的领导者。只有日常的日积月累，才可能培养出良好的倾听习惯。真正的倾听就是“少说”，真正的说话就是“倾听”！

二、发问

强有力的发问可以引导当事人有方向性的思考，从迷思、困惑中走出来，从不同的角度去看自己。回答他人提出的问题是集中注意力的有效方式，教练通过有效发问，帮助当事人瞬间转化内在的注意力。比如，要想让运动员盯住球，最好的办法不是命令他们“盯住球”，而是提出问题。比如，“球着地时是如何旋转的”或“你使用的是哪一类型的球”这样运动员就会开始关注球的运动轨迹。

强制要求运动员“盯紧球”并不能集中他们的注意力，而提出有价值的问题则成效显著。同样在管理中也是如此，诸如“最近一次客户的反馈是什么?”“客户说了什么?”“下一步我们需要做些什么来提升服务质量?”等等，通过这些问题来激发员工积极思考、认清事物的本质，促使其采取及时有效的措施来解决问题。

新手教练会通过设计好的一系列问题，比如“什么阻挡了你”来消除或减少对方达到目标时所出现的这些障碍。但是，当教练听到的是当事人谈到的限制性信念、阻滞、恐惧、忍受等方面的内容时，这就会成为教练反馈给当事人的东西。我的体会是，这种沟通的方式对教练和当事人来说都会很费力的。当事人会被带进低能量和低自信区，会体验到已经太熟悉的旧有挣扎状态。

如果这个时候，教练问：“你打算如何克服障碍呢?”或者，“你的下一步计划是什么呢?”由于当事人还处于低能量区和低自信区，受到内心的“限制性对话”和“自我保护的心态”的影响，他们通常的回答是

"不知道"，或者说"我知道就不来问你了"。这样，教练就很容易进入到给建议、给意见、给策略、给资源的状态，而且在不知不觉中，教练就接过了当事人要去发现自己答案的责任。这样的教练过程会把当事人为其目标的奋斗压力转移到教练身上。结果，当事人不仅没有被赋予力量，而且再一次被剥夺了了解自己、发展自己的体验。

优秀的教练则会关注："你真正想要的是什么?""是什么鼓舞你追求自己的目标和梦想?""什么可以激发你去行动和做决定?"这样当教练倾听到的是当事人的天生优势、热情、灵感、核心价值观和人生目的的时候，教练会把这些反馈给当事人，以核实教练是否听到当事人所讲，同时询问当事人希望发展什么。虽然当事人仍然会听到自己的恐惧和阻碍，但区别在于，这种方式使得当事人进入到自我拥有最多策略的状态，更加不设限地寻找解决方案，从而进入可以创造更多可能性的状况。这样做会使得教练和当事人都觉得愉快。

在教练的问话中，教练需要走出情况本身和表面的症状去寻找真正的事实。比如，教练会通过以下类似的问题来进行沟通："你认为什么是真正的事实?""你真正想要的生活是什么?""你对此肯定吗，我感觉到还有更多的东西""我听你说你是一个负责任的人，但是你感觉自己陷进去了，而且无法选择。我只是有点好奇，你的生活中发生了什么?"

在这样的教练过程中，教练所起的作用，就是一直能够了解和把握员工的优势和独特性，并以此为出发点提出问题，与员工沟通并表示认可。当教练能从员工明确表达出来的优势和独特性出发时，员工是无法拒绝教练的，因为在教练面前，他感觉到自己是被接纳的，是高尚的、有价值的和有天赋的。同时，教练接受也允许对方"卡"在某个状态，如员工可以出于任何原因，没有准备好就前行，这是尊重员工和他人的教练精神。

以下是导致员工内心封闭和引领员工打开心扉的两种问话方式（表2-5）。

表2-5　从“关注问题”到“引发卓越”

	关注“问题”	引发“卓越”
主题	你有什么问题？	你想实现的目标是什么？
问题	有什么阻碍了你？ 为什么会这样？	有什么在鼓舞你？ 目前正在发生什么？ 你发现了什么？ 你自己真正需要解决的问题是什么？ 如果问题解决了，情况会怎样？ 如果没有这个限制，情况会怎么？
目标	你内心的障碍是什么？	你内心真正想要的是什么？ 接下来可能会发生什么？ 谁是真正的受益者？
行动	你必须克服的是什么？	你可以做些什么来实现你的愿望？ 你应该采取哪些措施来获得结果？ 还有呢？
资源	你过去有哪些成功经验？	你的潜意识在告诉你什么？ 谁对结果负责？ 你需要谁的支持？

在“引发卓越”的对话模式中，教练通过强有力的发问来激发员工内在的责任和卓越从而提升个人或组织的战斗力。在教练的对话中，如何才能做到“引发卓越”而不是给对方答案呢？专业的教练会通过系统的架构来进行对话。比如我在实际教练过程就发展出以下实用的架构，简称5P。5P是5个英语单词的缩写，分别代表：主题（Topic）、问题（Problem）、目标（Purpose）、行动（Plan）、资源（Support）（图2-9）。

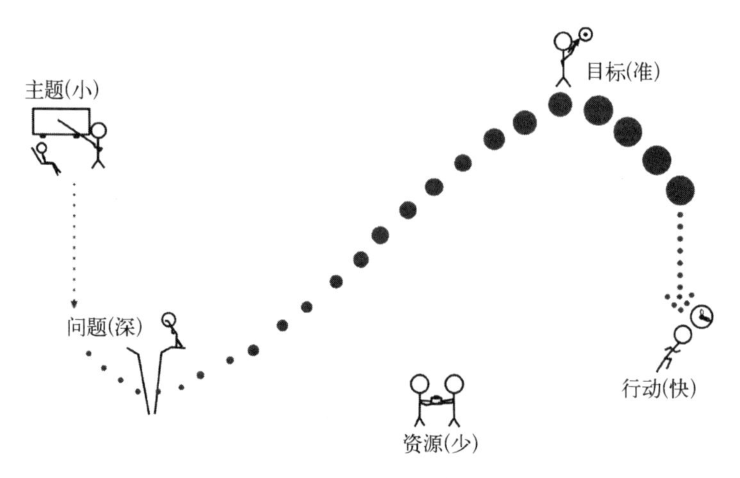

图 2－9　从“问题到成果”的 5P 教练架构

在实际的工作中，我发现每次辅导的主题不能太大，如果主题过大就容易无法落地，比如“如何更成功?”“如何提高团队的凝聚力?”“如何达成目标?”等。这就需要通过一些对话，将主题聚焦、缩小、精准，正向等。比如你可以问：“具体来说？你能否举个例子？再具体一点！如果解决了，情况会怎样?”接下来你可以顺着往下问，比如：“目前的情况怎样？真相是什么？挑战在哪？我们真正想要的是什么？我们需要达成什么目标？我们需要创造的成果是什么？有什么行动方案可以选择？必须要的资源是什么?”

通过这样的深度对话，以产生行之有效的解决方案，确保以较少的资源达成更有价值的目标。并且员工完成目标所需要的解决问题的能力也从有效的行动中产生。其中的关键要点是要帮助对方穿透“问题”找到背后的“目标”，也就是说：真正要解决的问题是什么？真正想要的是什么？在现实中为什么有些人总是犹豫不决？为什么大量的决策是失误的？为什么很多问题重复发生？其中主要原因就是资料不足、思考不深，方向不清。而发问就是帮助对方收集足够的资料，提炼关键信息、深度自我觉察，发现更多选择、从而答案自然出现。

古希腊哲人苏格拉底的著名指导方法就是：只提问题，不提供答案，要学生自己思考、摸索、假设，以行动印证，最后找出答案。直接把最后的结论摆在我们眼前，并不是最好的学习方式，充其量不过是处理眼下的问题。美国领导力中心对全球500强企业中的8 000名经理人进行调查，得出这样一个结论：过去的领导知道如何说，未来的领导知道如何问。

但要注意的是，在培养和发展他人的对话中，发问的方式比发问内容更重要。你需要十分注意自己的语音、语调和肢体语言，同时尽量少使用"为什么"。比如员工没有完成目标，你问"为什么"很容易引发对方的防卫和抵触。成熟的教练会问，"发生了什么?""你学到了什么?""你怎么看，你有什么好的建议?"通过问"什么"而不是"为什么"来觉察我们的假设，包括所有的信念、思想、直觉和想法。当我们过于相信自己的假设和推论时，我们会陷入困境。

作为教练，你的作用是用提问来帮助对方从全新的角度反思，而不是立即提供解决方案和建议。比如，客观性提问——发生了什么？你做了什么？还发生了什么？反思性提问——如果……你认为会发生什么？你可以做些什么？解释性提问——到目前为止，你学到了什么？如果你……会发生什么？是什么促使你去做？决策性提问，下一步你会怎么做？你还需要什么才能做出决策？

今天，每个行业乃至全球每个地区，企业领导者都想知道如何充分发挥企业现有人员的最大价值，并在市场上赢得竞争优势。但是知道已经发生的事情和为何发生已经不足以应对不确定的未来，每个员工需要知道目前正在发生什么，接下来可能会发生什么，以及应采取哪些措施获得最优的结果。

洞察得越多，就越能做出最好的选择。教练通过发问帮助员工发现他们的价值、目的、天赋和才能，进而了解：什么在激励他们在追求自己的目标和梦想？什么可以激发他们去行动、计划和决定？教练通过倾听、发问和反馈帮助员工看清自己的思维方式和行为模式，帮助他们识别自己的动力和能量的来源。

三、反馈

每个人都有自己的盲点和局限，反馈就是帮助对方看到自己看不到的地方。在倾听对方的谈话、感受和需要之后，教练可以主动表达自己的理解。如果我们已经准确地领会了对方的意思，我们的反馈将帮助他们意识到自己的需要和体会到自己的状态，从而深入了解自己。反馈是将自己对当事人的看法、真实感受巧妙地传递给对方，也包括自己的经验分享等。

成长源自反馈，反馈是一种帮助他人思考如何改变其行为的方式，是一种向个人或小组提供信息的沟通。有效的反馈是描述而非评价，具体而非一般，征求而非强加。反馈就像一份珍贵的礼物。优秀的教练会选择在恰当的时候进行以当事人能接受的方式进行恰到好处的反馈。比如，称呼、语气、内容、感受、情景、时机都很重要，因为这会直接影响对方的接受度。那什么时候需要给他人反馈呢？首先，在对自己的理解没有把握时，我们需要对方的确认。然而，即使确信自己已经明白了，我们可能还会发现对方正期待我们的反馈。通常，当一个人说话有明显的情绪时，她一般会期待得到他人的反馈。比如，一个学员告诉我，她不想再这样生活下去了，她太累了。我重复了一遍她的话："你的意思是你再也不想这样活下去，你感觉太累了，是吗？"她很感动，停了下来，表情轻松了许多，说：从没有人知道自己是多么的不容易，因为工作而忽略了家人的感受。

接着，我继续用肢体语言来表达对她的理解，很快，她就开始感受到我的好意，慢慢地开始告诉我她内心的挑战。因此，对教练来说，有效反馈是一个挑战性的能力，特别是简单、直接、负责任的反馈可以让当事人有一种豁然开朗、醍醐灌顶的感觉。

在反馈中，我们需要注意评价和反馈的区别。反馈的基础是观察，在对话中或工作中我们仔细观察正在发生的事情，并清楚地说出观察结果。比如，在辅导中我经常听到学员说类似的话："当我推开门，看到我的孩子作业没有做完，还懒洋洋地躺在沙发上，得意忘形地看着乱七八糟的电视，我立刻就生气了，我觉得这个孩子简直太不懂事了。"可见，对于大多数人来说，观察他人及其行为，而不批评、指责或以其他方式进行分析，是难以做到的，比如其中用"懒洋洋"、"得意忘形"、"乱七八糟"、"太不懂事"等来形容自己的孩子。

最有效的反馈是将所见、所闻而非所想告诉对方。也就是说将所见、所闻与所想分开是有效反馈的核心能力。

有效的反馈是基于事实，比如你可以说："我看到……我听到……"此外，在给对方反馈时，语气和语调十分重要。当事人在听教练谈他的感受和需要时，会留意其中是否暗含批评或指责。如果我们的语气很肯定，通常对方会很不舒服。然而，一旦当事人通过我们的语气意识到我们是在体会，而非下结论，他们一般就不会产生反感。因此，教练很少直接说，"你太散漫了"，而是说："当我看到你这两次开会都迟到了20—30分钟，我感觉你太散漫了。"

记住，如果我们的反馈言过其实，过于夸张，别人就可能产生逆反心理，而不愿作出友善的回应。因此，要特别留意"总是"，"从不"等结论性的话语。比如：“我们老板总是很忙，在需要他支持的时候，他从不出现。我认为他一点都不在乎我。”

倾听、发问与反馈是教练的核心能力。掌握了这三项能力，领导者不会再有如下困扰：“我很想辅导他，可是他不要。”而员工却绝望地说：“领导，你为什么就从来都不让我把话说完?”

可以说，优秀的教练不仅要善于传授知识，更要愿意投入时间、情感和精力，真正与伙伴融为一体！支持、鼓励、问责、一路相伴；抽离、启蒙、利他、以伙伴为中心！倾听、发问、反馈、关注伙伴点滴的进步，帮助伙伴更成功!

2.3 生态系统

“如果系统被一大堆常数所禁锢，它就很难成长和进化。”

——生态学家 霍林

那些真正有活力的生态系统，外界看起来似乎是混乱和失控的，其实是组织在自然生长进化，在寻求创新。凯文·凯利在其著作《失控》中提到，“一个大企业有比较成熟的流程，这会让产品、研发等受限，可能达到某一个高点后就会陷入局部优势，没有办法拥有从内部创新和把握新机会的能力。”①

腾讯创始人及 CEO 马化腾认为，创新不是原因，而是结果；不是源头，而是产物。他认为创意、研发不是创新的源头，如果一个企业已经成

① 凯文·凯利：《失控——全人类最终命运和结局》，新星出版社 2010 年版。

为生态型企业，开放协作度、进化度、冗余度、需求度都比较高，创新就会从灰度空间（主要是内部管理的妥协和宽容）源源不断地涌出。企业要做的是创造生态型组织，拓展自己的灰度空间，充分考虑每个员工的个性化，让企业充满可能性和多样性①。

今天企业遇到的各种复杂问题，各个公司、部门、团队、员工之间的冲突，在很大程度上源于根深蒂固的心智模式以及由此主导的教育体制——把活的系统当成机器，认为一切事物都是可以被拆解和还原的，可以用理性和逻辑去预测和控制的。这显然是片面的，企业就是一个活系统，不仅需要逻辑，也离不开直觉、爱和联结。可以说，如果不与他人和环境发生联系，人的需求和目标就不会有任何结果。企业作为一个生态系统，不仅包括物理环境，还包含企业内部以及企业外部人们之间的关系，如果说管理者和员工是“鱼”的话，生态系统就是“水”，养“鱼”先养“水”。生态系统就是管理者和员工成长与发展的“水”，它由三个主要部分构成：关系、机制和文化（图2-10）。

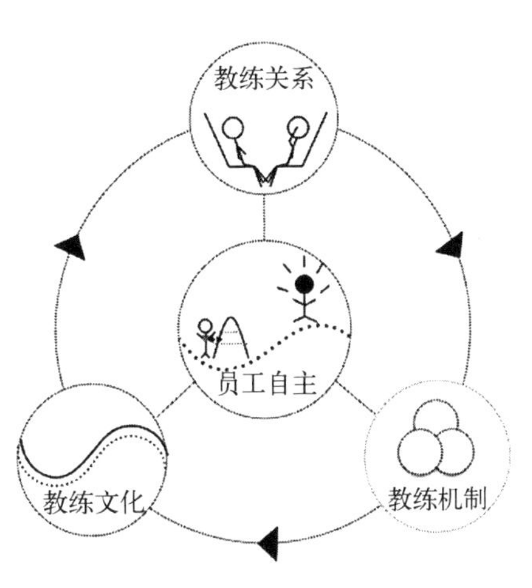

图2-10　教练生态系统

2.3.1　教练关系

教练关系是教练管理的核心。教练关系、教练机制、教练文化三者之

① 欧俊：《关键时，马化腾说了什么》，新世界出版社2013年版，第122页。

间构成一个三角形，相互作用和相互影响。机制和文化的目的主要是引导员工行为自觉地向组织目标靠拢，按照企业文化所倡导的方向迈进。

首先要确定的是，我们的价值主张是什么？教练管理强调，每个人不仅关心自己怎么做，还要关心和帮助他人；有经验的领导不仅组建团队，更愿意花时间和精力去培养团队。比如，我们帮一个人成为高尔夫球手，你跟他一起待三天或者一个星期就够了吗？不可能的。又比如学习钢琴，从第一次触摸钢琴，到学会弹钢琴，这中间可能要花很长的时间。同样地，教练培养领导者的方式就是需要和他们在一起，仅仅靠素质和能力描述领导者的技能是培养不出领导人的。重点是需要花时间，有的人可能每个月或每个星期都需要和教练见面，谈谈他们遇到的挑战和收获。持久的教练方式需要有相应的机制和文化来引导。比如全球最大的直销公司Amway，就通过一套完整的激励机制和教练机制来鼓励营销人员不仅自己做，还要组建团队、带领团队、持续培养团队，特别是发现和培养未来的领导者。营销人员的晋升和奖励都建立在基于团队成长和领导人培养的绩效上，也就是说，这套机制把领导人的培养和团队绩效提升进行了有效的结合，鼓励每个人都成为教练，领导者和伙伴之间不仅是合作关系、领导关系，更是教练关系。反观今天的华为、阿里、腾讯等一批优秀的公司，虽然在激励机制和企业文化方面都做得不错，但在教练关系、教练机制和教练文化方面还是比较薄弱的。

教练关系是在员工自主的基础上，领导者成为教练，员工与领导之间建立一种相互合作、共同成长的伙伴关系。

在教练关系中，员工成为第一原动力，员工工作的动机不再单纯是完成任务，还有自我发展的需要。组织只是员工实现自己梦想的平台，员工与组织之间是平等的合作伙伴，在一定的制度和规则下建立良好的契约关系，通过这种关系共同为客户提供服务、创造价值（图2－11）。就像体育运动中，运动员自身是第一动力，运动员首先是出于自身的内在动力在踢足球或打篮球，教练的作用是支持和激发运动员发挥潜能，学会合作并在压力下拿到最佳成绩。在教练关系中有三个重要因素：心灵联结、持续互动、共同成长。

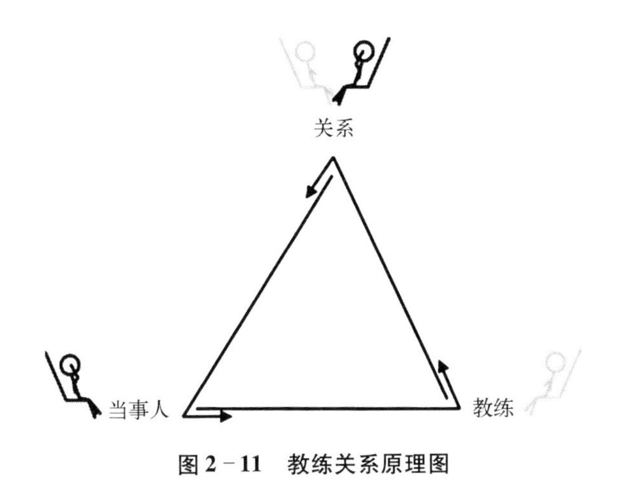

图2－11　教练关系原理图

一、联结

我们必须询问自己：是否接受我们并非独立的个体，而是生态经济、社会和精神层面都高度相互依存、相互联结这个事实？如果答案是肯定的，那么我们是否愿意向彼此伸出援助之手？事实上，组织的健康发展，离不开组织中的每个人之间关系品质的改善。这种关系不同于普通的角色关系，如同事关系、下属关系、老板关系、客户关系，而是一种心灵联结。让我们设想一下，如果在企业中，每个一对一的关系都是合作共赢的。我们相信并尊重每个人，欣赏每个人不同的成长速度，绝对不会因为自己很能干，就要求他人和自己一样，而是关注对方的优点和长处，包容对方的短处和不足，同时通过自己的成长去影响他人……那我们所在的组织将是什么样的工作氛围！

教练管理创造一种协作式的伙伴关系。它是由协作的双方共同参与、积极互动而产生的共同成长。真正高效的教练过程来自教练在特定的关系场景中所表现出来的能力。每个员工都是独特的、有着不同的情况、目标、动因、能力、兴趣、习惯等。教练不能只是在表面上讨论绩效，只有挖掘出深层动机，员工才会付诸行动。

教练与员工虽然角色不同，但是在关系中的地位是平等的。教练关系可以以一个三角形来表示，员工传输动力至教练，教练传输动力至教练关系，然后，员工通过教练关系而拥有更多的自我掌控能力。

我们需要注意的是，教练关系中不是“教练很强大”，而是“教练关系很强大”。强有力的教练关系不是来自强有力的教练，而是来自强大的员工体验。试想一下，员工可能会因为动力不足而无法完成挑战，但教练关系会成为员工工作中克服障碍的动力源泉。关系中的力量一方面来自员工的愿望和动机，另一方面则来自教练的承诺、方法和对员工的理解。在一般的教练关系中，员工会觉得教练很厉害，但在优秀的教练关系中，员工会觉得自己很棒！因此，建立教练关系的过程是员工与教练之间建立成熟责任感的过程。

二、互动

经过多年教练管理的实践和研究，我发现正是教练关系而非任何具体的教练模型或教练技巧，才是员工真正成长的核心因素。教练关系是教练与当事人全方位互动的过程，全方位互动就是包括语言、身体、心灵等各方面与人建立亲密的沟通关系。

显而易见，基于不同背景的人际关系的质量和功能是不同的。比如，朋友关系和教练关系就有所不同。教练关系连接着教练、当事人和教练关系。是当事人而非教练赋予教练关系以动力，同时当事人也可以从教练关系中获得力量，从而使自己有能力对工作负责，改变现状，并勇敢地面对一切。当事人才是核心。

教练关系构建了教练互动的理解通道，为教练提供管理个人内在和外在流程的机会。事实上，在教练关系中，教练本身的自我管理和持续发展将会对教练互动产生更深远的影响。由于人的变化过程的复杂性，教练要在引导员工成长的同时须排除自身的个人体验，这是富有挑战性的，其中最大的挑战是保持客观和中立。由于教练需要扮演是抽离的、启蒙的和利他的角色，而教练本人又有发展经历、文化背景、家族环境等个人因素，就增加了保持中立的难度。

要建立优秀的教练关系，教练还必须积极地寻求正式和非正式地的反馈，包括心理测试、访谈、问卷调查等。在过去十几年的教练过程中，我对此有很深的体会。曾经有一段时间，我发现自己很难支持某个客户的发展，因为客户自身发展太快，而且任务非常挑战，于是我开始更加努力地学习和实践，特别是在领导自己方面进行更深刻的修炼，慢慢地我开始能够服务客户。因此，教练关系需要互相促动和共同参与。其中，特别要做好以下几件关键的事情。

了解员工及其家庭。真心地去了解他们，了解他们的一切，包括他们过往的工作经验、能力、天分。询问他们的渴望、短期和长期目标。有时候，人们总是认识不到自己的潜质，低估了自己。教练应当挖掘这些潜质，细心呵护，帮助员工成长。同时，要了解他们的生活。曾经有一个学生告诉我，他的经理跟她共事10年了，却不知道她的孩子是男孩还是女孩。我现在还记得她那受伤的表情。如果这位经理真正关心这位员工的家庭，她的工作表现绝对会大不一样。如果领导者能说一句，“Frank上回考得怎么样”或是“洋洋的球队赢球了没有啊”而不是干巴巴地说声“早上好”，员工的士气肯定会因此发生难以估计的转变。

鼓励员工参与。询问他们对工作的意见，让他们清楚地知道，你真心想了解他们的想法。不要等着他们自动地说出想法，相反，要用这样的问题鼓励他们：“你怎么看?”“你觉得怎样?”“你有什么好的建议，在决定之前，还有什么需要考虑的因素?”这绝不仅仅让员工感到你需要他们，还能激发出好的主意来。在我的教室里，我一直这样做，效果非常好。

热情地向人们打招呼。如果你一头埋进工作里，无暇顾及他人；如果你走过人们身旁，却不跟他们打招呼，他们就会认为你要么是个笨蛋，要么就是完全不在意他们。如果你肯做这些看似微不足道的“小事”，人们会在背后说你的好话，愿意与你交往。

建立社区，非正式交流。想法越多元，你就越成功。一旦你创造这种包容的环境，期间每个人都有其重要性，并且他们也知道这一点，你很快就会拥有一个“组织社区”，就像生活中真正的社区一样。

三、成长

教练关系的成果是共同成长。良好的教练关系，不仅是心灵联结、双向互动，更重要的是共同成长。共同成长的前提是相信员工、解放员工、发展员工。教练过程是教练与员工共同创造的，单维的专家模式或员工模式并不存在，共同成长是发展教练关系的关键点。管理学研究表明，在不信任的环境下，员工完成某项任务时需要更多的监督、指导。员工被大量的文件和会议包围，却不创造什么价值。员工会感到压抑，他们会相互抱怨，彼此不满。满意度和幸福感会大大降低，一个内心有不满情绪的员工，当他面对顾客时，就会缺乏热情和耐心，顾客也会感到不满意。最终，顾客的不满意情绪会直接影响公司的业绩和发展。

如果从共同成长出发，随着不断的推进，一个更高层次的信任而开放的组织关系被发展出来，防御也随之消失。这样，员工可以更加迅速地推进自身的成长。

回想在科学管理中，管理者通常是代表投资方对员工进行管理，他们更多关心的是成本，他们运用各种管理手段来提升生产力，甚至利用工人们对高工资的需求来提高效率，但出发点依然是投资者，管理者更多的是通过制度和流程来推动管理的进步。而在目标管理中，管理者虽然开始与员工就目标进行双向的沟通，就目标达成共识，然后通过目标来拉动员工的自我管理。但管理者的出发点仍然是代表投资方或代表企业来与员工沟通。

只有在教练管理中，管理者成为员工的伙伴，站在员工的角度，以员工为中心，关注员工的存在，为员工提供支持和帮助，通过正确和高效的引导达成员工利益、管理者利益和企业利益之间的平衡。

领导者和员工的共同成长充满价值，为企业的可持续发展提供动力。

2.3.2　教练机制

组织从以等级制度为中心的中央集权、以差异性为中心的分权、到以正在生成的协作为中心的生态系统，反映了整个管理机制的进化。集权是基于规模经济，通过纵向整合来控制整条价值链，如早期的IBM。分权同样是基于规模经济，不同的是通过横向整合来提升利润，如英特尔、微软。生态系统则是基于网络经济的，通过环形整合来实现对生态系统的支配，如Apple、Facebook、Google等。而教练管理则是基于服务所有人、通过跨界协作，与自我、他人、整体共创来实现对生态系统的管理，如阿里巴巴、安利等。

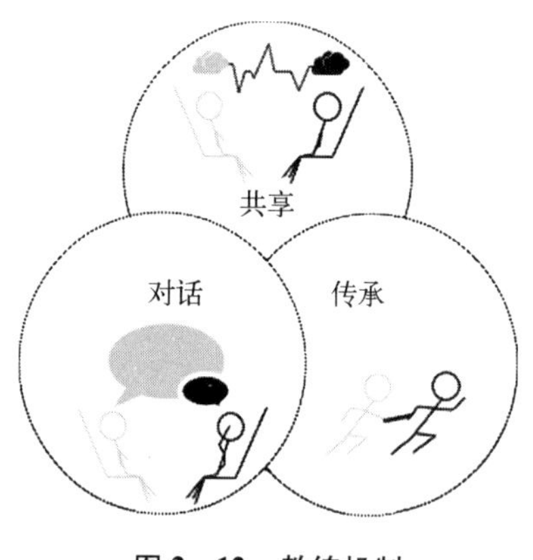

图2－12　教练机制

管理机制体现系统的运转规则，机制是将企业理念固化的主要方式。技术可以购买或复制，但深层次的、根本性的机制是难以复制的。对系统而言，良好的机制可以整合所有的企业要素，使其形成一个整体，协调有序地运转。环境在变，企业系统亦处于动态之中，系统的动态平衡依赖于好的管理机制。好的机制通常有几个重要特点，比如公平、公正、公开、科学、透明、人性化等。教练管理在实际操作中发展出一些核心管理机制：共享机制、传承机制、对话机制等。

一、共享

彼得·圣吉曾说，人类之所以能够生存和发展，就是因为拥有合作的能力。其中包括资源整合和相互协作的能力。在教练组织生态中促进共同合作是教练管理的核心。从命令、竞争、合作到共创是组织发展进化过程。共创共享机制的目的就是促进人们基于觉察的集体行动。比如，一个爵士乐团表演时那种“随心所欲，人我两忘”的状态，每位演奏者开始聆听整体，并同时将乐器的音律调整至正在生成的模式，他们就是在共创全新的事物。

优秀的组织就是所有员工，甚至整个生态的合作伙伴共同创造的过程。比如在安利公司，无论是供应商、公司、经销商、政府、社区都被视为一个整体，共存共荣，同享丰盛。人们感受到的是同呼吸、共命运的共同体。是什么将这些素不相识的人联结成一个生态系统？这背后就是共创共享的机制和理念。

今天、随着外部环境的快速变化，企业的组织形式也需要不断的进化，协作已经成为主旋律。在企业如何发挥每个人的作用，如何把每一份力量都调动起来产生一个共创体。俗话说，“人心齐、泰山移”，当大家团结一致的时候，内部合作的力量比技术和流程更具爆炸力。海尔的“人单合一”、华为的“班长的战争”、韩都衣舍的“小组制”等无不是通过划小核算单元、内部市场化、创造既竞争又合作的共创平台，真正实现激励人心、激活组织。

江苏澳洋顺昌股份有限公司是金属物流配送行业的领导者，获得了5%—6%的净利润率，远超行业1%—2%的平均水平。其中的奥妙就在于“内部公司制”，打造自运转、自驱动管理模式，它使员工的动机从“为公司干”转变到“为我自己干”，实现了员工、客户和公司的三赢。

在共创共享机制中，每个人都有均等的机会去追求自己的创业志向和梦想，组织是一个生态系统，可以使个体的创造力服务于更大的整体。无论是欢迎任何人参与集体共创的网络百科全书维基百科的成功，还是开放源代码的Linux成为全球最受欢迎的操作系统之一，都说明了共创共享机制的力量，用户从过去的被动接受者，摇身一变成为产品和服务的共创者、共筹者和共享者。

二、传承

如何鼓励优秀的人愿意花时间和精力来培养他人，并确保尽心尽责？这需要一种机制。如安利公司通过完善的传承机制来鼓励人们培养人才。公司按照培养的成熟人才的业绩稳定性来给予奖励，一个人培养的人才越多，业绩越稳定，得到的奖励就会越多。这样就激发了营销人员不仅愿意去发现潜在客户，还愿意从客户中发现潜在的合作者，并花时间和精力培养他，因为一旦培养成功，就可以持续拿到因稳定业绩所产生的稳定奖金。在晋升方面，安利的传承机制也明确规定必须培养出多少独立的领导团队才能晋升，这样就解决了公司人才缺乏的状况。

在安利（中国）培训中心授课的近十年的过程中，我无数被他们的学习热情所感染，无论白天还是晚上、课上还是课下，几乎每个领导人都不遗余力地学习培训和辅导团队的知识和技巧，毫不保留。他们投入大量的时间、精力和心血在团队的培养上，最渴望的就是能力转移，让更多的伙伴得到成长。然而，很多企业的管理者只顾自己做，几乎不花时间辅导下属，表面是领导风格的问题或者不会辅导，深层次是缺乏动机，他们追求自己的成功，却把人才培养看作是 HR 部门或者是公司的事。

虽然很多公司已经意识到人才培养的重要性，开始调整绩效考核的指标，把学习和成长纳入考核，甚至强制规定每个领导者要培养多少人才，但收效甚微。究其原因，还是机制和文化的问题，公司习惯性把大量的时间和金钱花在短期的业绩上，领导者几乎没有精力，也没有动力来培养和辅导下属。可以说，未来的竞争表面看是人才的竞争，实际是人才培养的竞争，是人才培养机制的竞争。教练管理的核心要义就是建立基于人才培养的传承机制。

三、对话

组织中如何创造高度的员工参与，其核心是员工的发言权。教练的互动和共创源于自由的对话，对话的目的不仅是达成共识，更重要的是，在这个过程中让每个人都会体验到成长的喜悦。

教练的对话机制就是营造一个自由交流的空间，在其中每个人都可以独立地发表看法。对话须从非黑即白的二元哲学中走出来，人们表达的目的不再是为了证明自己是对的、别人是错的，而是呼唤倾听与理解，从而碰撞出火花、灵感，发现新的可能。

教练对话可以被最简单地定义为一个发展流程。在此流程中，当事人持续地觉察自身特有的认知、行为、视角和情绪体系，并且通过该流程发展出一套持续增强的能力来管理自己。教练参与这个流程的意义在于，迫使领导者和员工在同样内省和学习的空间里互动，从而实现自我领悟和自我超越。

在我主持的“战略主题工作坊”中，我留意到人们的交流通常会经历以下四个阶段——

第一阶段，人们只是彼此在下载一些已知的内容，也就是说原来是什么样，现在还是什么样，参与者听到的观点都是重复他已经知道的内容。大家只是执着于旧有的理论，看不到新的挑战；或者只是执着旧有的框架或过去的经验，感知不到未来的机遇。

第二阶段，人们开始客观的对话，不再执着于对现实的既有解读，而是让数据和事实呈现出来。即使事实与已知的理论或观念有所矛盾，他们也会尝试听取。客观聆听将人们联结到现实世界的状况，但缺乏的是对企业复杂性的深入。

第三阶段，同理对话。人们允许自己从他人的视角观察现实，并感知他人所处的情境。这并不是说两人达成一致的意见，而是说他们能够承认并尊重对方的观点。同理聆听意味着从另一个利益相关者的角度进行观察。

第四阶段，生成对话。这意味着大家开始形成深层关注，允许正在生成的可能性，允许自己联结到正在生成的自我。这个过程意味着大家开始越过差异化的争论，进入探询式对话，最终进入到感受心流的集体创造力①。可以说在这样的团队工作坊中，从进来到出去，很难说最终形成的观点是哪个人的，而是共同创造的。

对话的氛围非常重要。一方面是物理环境，另一方面是由基本法则、期望和约定所组成的关系氛围。高效对话的氛围有两个特征：一是让参加者有安全感并认为没有任何风险；二是能够激励参加者贡献有价值、有创意的方案并做出最佳决策。注意，这里说的安全并不意味着舒适，剧烈的改变可能令人非常难受，但应该保证过程是安全的。就像登山的过程可能让人感到兴奋、疲惫和惊险，但由于登山者知道自己的身边有一根保护绳，这使他们确认自己是安全的，这样才能充满信心地努力攀登。

就对话内容的保密达成共识，是建立安全感的关键要素。随着员工与管理者之间关系的深入，员工感受到教练关系所带来的好处，信任逐渐建立了。大多数情况下，人们在被接纳进入某个圈子之前，要先证明自己的能力及自己是值得被尊敬的。教练关系的建立通常基于证明、解释和确

---

① 奥托·夏莫:《U 型变革》，浙江人民出版社 2014 年版，第 153 页。

认。但教练对话是建立在教练相信员工能够通过其自身的力量找到有创意、具备多样性的完美选择这一前提之下的。

这里既充满安全又能感受到激励，是一个开放的、能说真话的空间。在这个空间里，大家可以畅所欲言，哪些做得好，哪些做得不好，哪些完成了，哪些没有完成等，不用担心指责与攻击。这也是一个没有批判的空间，因为教练期待的是真正给员工带来更多的学习空间，让员工有新的发现和新的思路。同样，员工期待教练说出真相，因为这也是教练对话的重要作用之一。员工经常对自己的状况不是很了解，使用自己的经历和习惯的表达来掩盖真实的自己。他们期待教练的洞察力来看穿混乱和迷雾。

教练对话的另一特质是自由空间。员工可以在里面无忧无虑地呼吸、探索、幻想或尝试。比如，管理者与下属定期召开一对一的会面，没有固定的议程，而是开放式的对话。这个时间可以是月度、季度或年度，或者由双方约定。这种对话不同于普通的人际聊天或日常交流，而是触及心灵、碰撞思想并做出适当的选择和聚焦重点。比如，“在公司或部门中，你最喜欢什么？什么是你根本不喜欢的？你认为什么是我们应该改变的？作为你的上司，为了让你更好地、更轻松地、更有效率地工作，我们可以做些什么？”这是另一个世界，一个充满梦想的世界，在这里也可以释放自己的愤怒、苦恼、焦虑和愤愤不平。这里是把失败当成一种学习的世界，这里没有绝对而且规则简单。

2.3.3　教练文化

信念与价值观构成企业文化的基石。价值观和信念密不可分，两者相互孕育，共生共长。两者决定了我们选择培养什么技能、投入多少时间、使用什么样的系统和流程。

我们从别人身上看到的东西大多数是自身做法的投射。每个人、每个团队、每个组织都有自己的一套原则和价值观。我们都是通过这些原则和价值观来看待整个世界。所谓价值观就是我们重视的东西。每个人都有一套层次分明的价值观，觉得什么重要，什么不重要。价值观决定了活动的重要性和时间分配。举例来说，我们是花时间旅游，还是花时间进行个人提升？我们是跟家人共度时光，还是辛辛苦苦出差工作？我们是独揽功劳，还是与团队共同分享庆祝？开重要会议时，你打算邀请哪些人士参加？在日程表上，你把哪些事情排在最前面？你分别花多少时间跟客户和员工在一起？这些都是重要的问题，因为我们会把时间花在最重要的地方。

当价值观成为组织成员的自觉意识，并通过制度确认下来，渗透主人们的日常行为之中，就形成了特定的企业文化。因此，每一种企业文化都植根于一定的价值观之上。那么，什么是教练文化？教练信仰如下原则——

（1）每个人都是独一无二的。在教练过程中，教练不会套用其他类似客户的方案在这个当事人身上，而会遵循每个当事人的方案都是不同的，会根据每个当事人的实际情况订立个性化的方案。

（2）每个人都会为自己做出最好的选择。教练相信每个当事人都会为自己作出最好的选择。在教练过程中，教练不会根据个人意见及观点影响当事人选择执行哪个方案，而会相信当事人选择的一定是合适的。

（3）每个人都是有创意的和足智多谋的。教练相信自己的当事人都是有创意的和足智多谋的，因此，当当事人无法找到答案时，教练不会轻易给出个人意见。在教练过程中，教练不会轻易给出自己的意见，而会花时间引发当事人自己找到答案。

(4) 当事人才是专家，只有他才能找到解决问题的真正答案。教练相信当事人才是自己问题的专家，只有当事人才能找到问题的真正答案。在教练过程中，教练不会扮演专家的角色，不会提供专业性的解决方案给当事人，教练相信，只有当事人自己发现的方案才是解决当事人自己问题的最专业、最有效的方案。

教练创造一个立己达人、自我进化、成就他人、兼容并蓄的组织环境，致力于形成同呼吸、共命运的组织共同体（图2－13）。

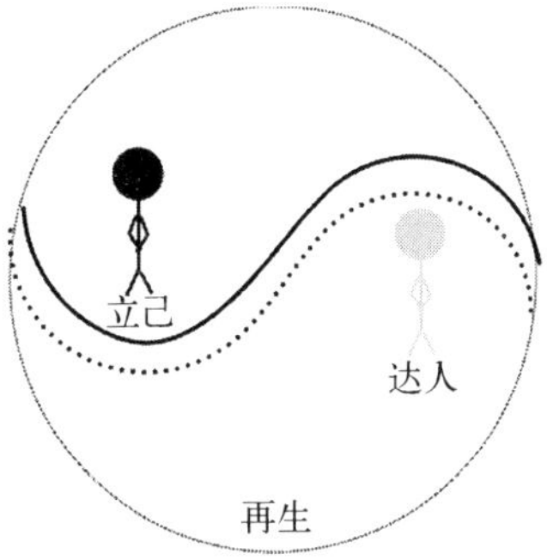

图2－13　教练文化的核心

一、立己

立己是指每个人都渴望了解自己、成为自己并在行为上做真正的自己。每个人都会为自己做出最佳的选择。就像种子的DNA中蕴含了它的身份、目的和实现这个目的的步骤，人类也是一样，每个人都有独特的人文精神，其中蕴含了推动他成为最好和最高尚自我的渴望和动力。无论生活的环境、年龄、面临怎样的困难和目前的生活选择有多么离谱，你自己都会发现内在的种子。

自我进化是指教练管理相信企业或组织具有自主生长、自我修复、自我净化的能力。在传统官僚组织的文化氛围里，等级森严、家长作风、唯上不唯下、互相不信任、持续冲突、信息阻断等等，人们成为企业的囚徒，激情、创造力和个人潜能无法充分发挥。一个“异端”的创新，很难获得足够的资源和支持，甚至因为与组织过去的战略、优势相冲突而被排斥。

与传统自上而下的执行型文化不同，教练通过自下而上的方式来持续创新。教练管理充分尊重人，发现人的存在感。员工作为一个独立的人的存在，是一种自由、平等、自我实现的主体。教练相信每个人都“知道最好的答案”且“资源充足”。当与自己感知到的精神联结时，他便找到了最佳答案。教练的作用只是协助员工领悟：哪些是被内化了的别人的看法，哪些是自己最内在的真正的自我。而当每个人了解了自己的核心价值观、人生目的、天生优势和才能，并在日常生活、决定和活动中都真实地表达出来时，他就会深深拥有自我实现的巅峰体验。

二、达人

教练文化之所以能成就优秀的企业，是因为它蕴藏着积极向上的文化：成就他人。近年来，世界上许多著名的公司，如HP，IBM、美孚石油、宝洁、爱立信、麦当劳等都在积极推行教练文化，目的在于将领导者培养成教练，并运用教练管理帮助员工快速成长，从而大幅提升组织绩效。

像重视产品和服务一样，教练管理重视“人”的成长。从每年的年度绩效会议的报告上，我们发现高管们逐步相信，公司的成就在很大程度上仰仗于公司里的“人”，是这些人的贡献、主动、忠诚和上进铸就了成功。

绝大部分企业家也相信这一点，从而尽力善待“公司的人”。比如，迪斯尼世界的终极目标是为顾客创造充满魔力的奇妙体验，但他们知道，要实现这一点，最重要的方法就是为员工感受创造出奇妙的体验，因为他们才是施展“魔力”的人。

然而，当下还是有很多公司，把越来越多的任务外包出去，削减员工福利，用合同工取代正式员工，取消传统的晋升制度，削减培训预算。因为很多高管相信，要提升生产力，就需要不断降低劳动力成本。特别是一些主张“低成本”的公司，为了所谓的价格竞争力，置员工于“悲惨世界”：拿的是最低工资或接近最低工资；福利极少；没有职业保障；只能接受完成工作所必需的、简单易学的培训。血汗工厂便是这方面的极端事例。

教练文化认为领导不仅是一个角色，而是一种责任，一种伟大的责任。作为教练，你要在恰当的时机，用正确的方式做你应该做的事情，与喜不喜欢无关。教练需要心怀关爱、谦卑和包容，明白员工的疾苦与期望，为员工提供支持、辅导，才能激发他们的潜能感到自己的与众不同。

三、再生

现实中，我们很少花时间来反思我们的管理哲学，有意识地赋予我们生活新的意义。如果没有哲学的拷问、心理学的自我省察和道德的反思，我们很容易堕入平庸。正如苏格拉底所说：“不经省察的生活就不值得人们去过。”

许多成功的组织都勇敢地阐明自己的价值以实践自己的诺言。每个组织的系统、结构、行为和态度都承载了一种基础性价值或道德。它们规定着组织的标识、文化和使命，影响着组织行为的每个方面。通常，当冲突和危机出现的时候，这些价值就会浮出表面。

当组织为价值驱动、价值明确并根植于正直时，员工们感到自己能够进行有意识的选择，公开地拥护最高价值，按照最高价值来生活。当组织忽视价值，而以强制性的规定为基础运转时，他们就会将自己的价值归结为保持一致和摆脱困境这个狭隘的自我利益。每个人都要确保自己在禁区层面以上运转，以使自己不被解雇，同时没有人想要达到最高目标。

不同的人有不同的价值观、诉求和人格，企业需要平衡和管理许多矛盾。因此，需要明晰企业的价值观。作为企业家或管理者，你首先需要弄清楚自己真正重视的是什么，如果对个人原则和优先事项没有清晰的认识，你就无法追寻你向往的未来，更不用说整合他人的价值观和目标。

对发展中国家的企业管理者来说，一个基本挑战是，如何发现和确定本国的传统、历史与文化中哪些内容可以用来构建管理原则和管理方式。比如，日本经济的成功和印度经济的相对落后之间的差别就在于，日本的管理者成功地把国外的管理观念植入本国土壤之中，并使之茁壮成长，而印度没有做到这一点。

教练文化是一种开放与包容的文化。注重不同文化之间的兼收并蓄，尊重不同的观点、行为和选择。当教练保持这样的状态时，多元化、异质性的文化氛围就会形成，企业也会充满活力和激情。

如果你去一些互联网或直销公司，就会看到企业内部不同团队之间的竞争和淘汰非常激烈，人人力争上游。与许多公司重视外部劳动力市场不同的是，韩都衣舍非常看重内部劳动力市场，鼓励员工在不同部门、岗位之间相对自由轻松地流动。有人问韩都衣舍的CEO赵迎光，韩都衣舍的这些小组中，一定有做得好的、也有做得不好的，究竟是怎么淘汰的？他说，其实并没有淘汰机制，小组的新陈代谢是自然实现的，即“产品小组更新自动化”。原因在于，公司每天都会给出“每日销售排名”，小组间“比学赶超”的气氛就会很浓，同时激励上向业绩优秀的小组倾斜。这样，做得好的小组形成示范效应。

在安利公司，营销人员之间相互学习、相互促动，做得好的留下，做得的差的向做得好的学习，公司开放的环境让员工自由选择进出，除非违反公司底线，否则公司不会开除员工。

组织机制和企业文化之间是相互依赖、相互影响，共同塑造人们的行为。机制设计需要思虑周全，方方面面都要兼顾，在辩证中寻找平衡；而在合理的机制之下，文化得以快速生长，并在员工的内心扎根，如在安利公司，伙伴关系既是机制，也是文化。

如果想要得到更高的生产力、更好的客户满意度，企业就需要营造这种氛围。随着兼容并蓄的组织渐渐成型，你很快就能看到结果：员工们让客户感到自己与众不同，受到人性化的对待；他们会真心尊重客户，并且用上从培训中学到的技能，超越客户的期望。

在兼容并蓄的再生环境中，员工不仅仅喜欢工作，更愿意全心全意地投入工作。“喜欢”和“全心全意”之间有天壤之别，“全心全意”意味着投入和承诺，也意味着奉献和牺牲。

教练文化的典范：安利公司

安利公司成立于20世纪50年代。在美国的密歇根州亚达城，两位富有创业梦想的年轻人理查· 狄维士和杰·温安洛，在经过一系列的创业经历后，积累了丰富的商业经验。一次偶然的机会，温安洛的表哥给他的父亲介绍了纽崔莱的直销产品，从此，开启了杰·温安洛和理查·狄维士与直销、纽崔莱的不解之缘，也开启了他们真正的安利事业。

1992年，对于安利公司又是一个重要的转折点。在大量的市场调研和资料的佐证下，安利注册了中国公司，并投资1.2亿在广州建厂。

在安利发展近60年的历程中，危机数不胜数，但是，安利创始人家族、职业经理人以及数百万营销人员始终风雨同舟、不离不弃，在大家的共同努力下将安利由一个家族作坊发展成为业务遍及 80 多个国家和地区的跨国巨头，在向消费者提供优质产品和人性化服务的同时，也为全球近 300 万营销人员提供了多劳多得的事业机会。

在与安利公司长达 20 年的接触和合作过程中，我发现安利如此成功的根源在于其先进的管理理念和强大的企业文化，其中最重要的就是以“以员工为中心”的公平、公正的激励机制和重视员工成长和发展的培训体系。

安利公司的奖金制度采用多层次直销模式，其科学、透明、公平、人性化的设计，使得这套制度经久不衰，成为直销行业的制度典范。其制度设计的核心是基于安利创始人的核心理念“自由、家庭、希望、奖励”。每个人都有平等从事安利事业的机会，大家的起点是一样的。其 9 种 12 项奖金制度能最大限度地发挥每个人的潜能，并且为所有曾经付出的伙伴提出最大的保障。2004 年全球直销公司首家专门为营销人员培养为建设的安利（中国）培训中心宣布成立，经过长达 10 年的努力，为安利培养无数有激情、有能力、有思想的商业精英和直销领袖。自 2006 年至今我为安利公司培训的教练人数高达 8 000 人，今天安利公司每个优秀的领导者几乎都接受过教练理念和教练技术的正规培训，而且其制度和文化也鼓励每个领导者成为教练，构成一个教学相长的再生循环圈。

第三章

教练管理的实践

教练管理始于你。

每个人都是一个入口，无论你是企业家、管理者还是员工，教练管理源自你内心的觉醒，并伴随着你心智的成长。从利己到利他，从利用一切资源成就自己到全力以赴成就他人，从开始组建团队并帮助团队成功，到领导由不同团队构成的组织，教练管理都能给予你持续的动力。它帮助你不仅具有战略的思想，更具备战略的思考能力和战略的行动能力，而且确保你持续地创新组织并为组织培养人才，建立人才梯队让组织获得可持续发展。

让我们来看一幅图（图3-1），该图展示了教练管理的原理：以人为本，以员工发展为基础，通过领导者与员工建立教练关系，持续地进行SEA（支持、鼓励和问责），为自己和员工的成长提供能量。

教练管理的基础是互动关系，是学习成长，每个人都是自主的创造者同时又是他人成长的支持者，相互支持、相互学习、相互挑战构成了组织发展的DNA。同时借助机制和文化，不断强化这种互动关系，从而为组织发展的提供健康的养料和氛围。教练管理的过程就是一个“学、做、教”的良性循环过程，先自己成长，再带动团队成长，进而促进组织的成长。

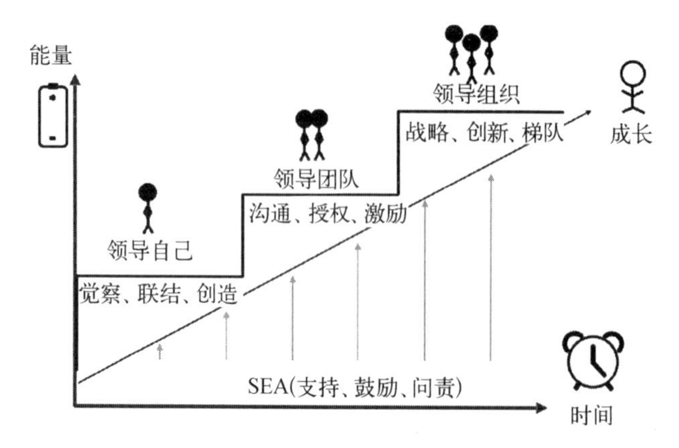

图 3－1　教练管理之组织成长原理图

3.1　领 导 自 己

教练管理的起点是领导自己。领导自己始于自我挑战。当你给自己定下一个几乎不可能实现的目标，包括职业发展、业务或领导力方面的挑战，要实现这些目标，往往意味着你要在组织中实现某种变革，意味着你开始不断地碰壁。你需要做的就是面对挑战，善于在错综复杂的形势中勇攀高峰，最终达成对公司、对团队都有价值的目标。在这个过程中，每个领导都要经历从“以自我为中心”到“以对方为中心”的心灵转化，同时领导风格也将从“独裁”到“奖励、参与到共创”的蜕变。

教练式领导具有双重角色：既是教练，又是执行者。要培养和提升他人，首先必须管理好自己。培养他人的过程，处处需要用到自我管理的能力。比如在压力下辅导，就需要管理好自己的情绪和行为，才能促进他人发展和进步。

纵观商业和体育界优秀的教练，无论通用电气的 CEO 杰克 · 韦尔奇、联想公司的创始人柳传志，还是美国 UCLA 大学篮球队的主教练约翰·伍登，无不是善于自我挑战的人。虽然说不是每个人都具备这些杰出教练的天赋，但所有的人都必须承担自我挑战的责任。尽管许多企业都在开展管理人员发展计划，在员工整个职业生涯中，帮助具有潜力的员工发展为高级领导者，但真正发展的责任还是自己。

我们需要清楚了解自己的内心世界，自己的想法、信念以及应对外界压力与突发状况的能力。领导者一个细微的情绪或小小的决策都有可能对员工、团队、组织产生巨大的影响。如果团队的每个成员都需要通过不断地调整自我来适应领导，那么就很难有精力去获得出色的成绩。

有时我们迫不及待地希望他人有所提升，结果却是拔苗助长，让对方感到不自在；有时我们的挫折感会影响到我们沟通的内容及方式。要激发员工的斗志，就要求我们努力营造一个适合成长的环境和氛围。教练的首要任务是领导自己。认识自己的无知，是走向世界的开始！

最大的无知是不自知！领导自己首先源自自我觉察。儒家的“修身”、佛家的“观自在”、道家的“内观”，都指明我们在什么程度上回归自我，就在什么程度上成为真正的教练式领导者。

成为教练的第一步是开发自己的天赋。从教练的角度我们可以把它归为三种重要阶段：察、觉、行。所谓“察”就是感知、观察、觉察；“觉”就是觉悟、意识、联结；“行”就是行动、实践、创造（图 3－2）。这就是一个从外到内、再从内到外的过程，最终达到“知行合一”。

3.1.1　觉察

领导自己的起点是自我察觉，没有自我觉察就无法进步。偷来的火无

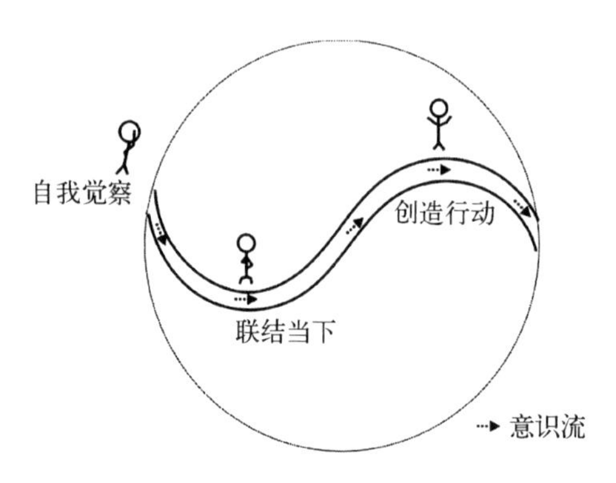

图 3－2　领导自己原理图

法点亮自己的心灵，教练需要用自己的光来照亮自己。

“一切的成就，一切的财富，都始于一个意念。”① 这就是拿破仑·希尔的揭示。“意念”是什么？它就是“意识里产生的念头”。比如察觉“欲望”和“愿望”的不同。欲望是内心不足，“欲”的意思是“欠谷”，表示向外求。而愿望是由内而外的，“愿”的意思是“原心”、初心、本心，是内心本来就有的，是富足的。还有困难中的“困”与“难”也有不同。“困”一般是指被困住，更多的是指认知矛盾、情感纠结等；而“难”一般指外在的能力不足或资源不够等。在内在和外在之间，自我觉察更强调向内观察。

教练必须保持清醒的认知和觉悟，但做到这一点并非易事。若教练在激发他人的过程中陷入情感漩涡或存在偏见，便很难保持清醒的认知。因此，无论采取何种措施去改变自己的行为，都要把自我觉察摆在首要位置。如果只是沟通，而不去了解自己，就会制造冲突。如果不了解自己的

① 顾修全:《自我创富学》，国际文化出版公司 1995 年版，第 15 页。

思考过程，不论有多少思想都毫无意义，因为正确的思考方式比正确的思想更重要。

教练是自我观察、深度对话、自我探索、自我超越、产生行动的一个过程，自我觉察是一个入口，当我们遇到矛盾、冲突、恐惧、失败、错误、他人的批评时，就是自我觉察、自我提升最好的机会。

如果我们的心中总是充满挣扎，激情将被耗尽。或者只是解释自己挣扎的原因，便会迷失在解释中，挣扎还是不能停止。然而，如果非常安静地观察自己的内心，不加以任何解释，很快就会发现自己完全没有到挣扎的境地。如果在每一刹那都能觉察到自己的内心如何陷入永无休止的挣扎，如果只是觉察而不去修正它，也不去强迫自己的内心达到所谓的平静状态，就会发现自己的内心自然而然就停止挣扎了。在这种状态下，你已经超越了心智的范畴，而发现了不可思议的至宝。

不完美就是完美。通过觉察真相、拥抱阴影的支持空间，我们可从他人身上看到自己。自我觉察不只是发现自己的不足，还要发现自己的优势、情绪和正面意图。其中，优势包括你的才能、风格、特点等；情绪包括你的痛苦、快乐等；意图包括你的意义、目的、价值等。让我们看看来自工作坊中学员的分享——

"我注意到我的注意力开始由外转向内在，我开始变得安静、平和。"

"我问我自己，我真的能放下吗？"

"我可以打开了吗？我打开了什么，是身体、思维还是我的心灵？"

“当我打开我的心灵，我发现这里非常安静、我不再设防，我开始喜欢这个氛围，我动情地分享我自己的故事，我发现在场的每个人都是我的老师。”

“我现在能感受内在自我的变化，我感受到我与他人的关系。”

“我发现过去我都是期望别人做到我的要求，我对他人总是充满抱怨，我试图控制或者依赖对方，今天我意识到我在把我的卓越和优势强加给别人，事实上，每个人都有自己的优势和卓越，我要做的是发挥自己的优势和卓越，并支持他人发挥他们的优势和卓越。”

“我开始意识到聆听的重要性。我发现聆听得越多，我对自我反省就越深刻。”

“这并不是学习具体的知识，更是学习改变自身的状态。”

“面对挑战我不再感到无能为力，当我联结到整个大家，和大家在一起，我感觉自己更有力量！”

自我觉察的本质是发现自我，你需要问的是：“你自己目前真正遇到的挑战是什么?”这个问题，在过去的十几年的时间里我已经问过无数人，当他们能明确地给出回答时，问题就已经解决了。这就像黑暗中的恐惧来自自我想象和未知，如果把灯打开，你能够清楚地看到真相，恐惧即刻消失。很多人是被现在的很多问题给缠住，领导自己就是要学会放下过去，基于未来的角度来看问题。

3.1.2 联结

领导自己的第二修炼是：联结。

教练的精髓在于联结，放下过去、活在当下、走向未来，进入想要生成的未来场域，并使行为发源于此。如何才能做到这一点呢？2005年，史蒂夫·乔布斯在斯坦福大学的毕业典礼的演讲中解答了这个问题："只有回顾过去时，你才能够连点成线，向前看时是做不到的。你要找到自己心中所爱。工作会占据生命中很大的一部分，唯一能让你真正感到满足的方法就是去做你认为最伟大的工作。能完成伟大工作的唯一方法就是热爱你所做的。如果你还没有找到自己的目标，就继续找，不要安于现状。"

今天，很多企业家或领导者都缺乏内在的成长，不仅缺乏独立思考能力，而且好大喜功，过于追求外界强压的成就感。无法超越过去的自己，总是希望过去的成功可以复制，无法面对现实。机会主义、权力中心、大股东思维、跟风成瘾、缺乏创新、行为趋同，等等，这些都是"小我"在起作用。

"小我"是什么？"小我"总是忙于寻找。只要你活在"小我"中，你会不断将当下的时刻贬低成一种达到目的的手段。你只是在为未来而活，但当你达到目的之后，你却依然无法得到满足，至少不会得到长久的满足。大脑不停地寻找精神食粮，也不停地寻找自己身份的认同，"小我"因而诞生，不断地进行自我创造。当你想到或谈及自己的时候，这个以你的喜好、恐惧和欲望为中心的"我"，是永远不可能持久满足的。这个"我"是一种由大脑创造出来的关于"我是谁"的感觉，受到过去的制约，并企求在未来得到满足。

痛苦的根源就是"我"这个意识，冲突和悲伤从中产生。只要那个"我"的意识存在，就必然存在痛苦，别人无法将你从中解放出来。而只有当头脑全然地面对生活，当它完整地经历，不带有任何偏见和先入为主的观念，当它不再被信念或者想法控制时，才能将自己从那痛苦中解放出来。以为别人能拯救我们，我们无法将自己拖出这痛苦的泥潭，这正是我们抱有的幻觉之一。

与“小我”对应的是“大我”。“大我”是什么？

国学大师南怀瑾1999年在香港的一次演讲中曾说，“小我和大我本是同源同宗。整个宇宙就是一个大我。宗教人士称之为‘神’；哲学家称之为‘本我’；科学家称之为‘能量’；佛教徒称之为‘自我’；中国人称之为‘道’；阿拉伯人称之为‘安拉’。因此在每种文化中，人们都知道有终极的大我存在。宗教人士只是将其拟人化了，使大我看起来像人一样，比如‘神’。神是超自然体、拥有一切超能力等，这是宗教的观点。从宗教、哲学到自然科学，所有的一切都为了寻找大我。大我最初是一个整体，合而为一。”①

我们终生的历程都在寻找真我，从“小我”到“大我”的历程永无止境，遍布颠覆、困惑和挑战，伴随着突破和超越，人生将联结到“大我”的深层次的源头。

领导自己的第二阶段就是当你放下所有，开始接纳全新和未知的事物，开始与世界对话，与他人互动，感受共同体的存在，深层次联结就开始了。随着深层空间的拓展，一个人便会跳脱小我的樊篱，关注利益相关者，愿意聆听、乐于帮助，改变就会悄悄发生，最重要的是，从“我”联结到“我们”，孤独将会消失。

---

① 奥托·夏莫、凯特灵·考费尔：《U型变革》，浙江人民出版社2014年版，第151页。

3.1.3　创造

领导自己的第三项修炼就是创造。没有创造行动就没有真正的觉察，也没有真正的联结。

如果要进行组织变革，领导组织的转型与升级，领导者手中最大的筹码就是自己与利益相关者（员工、客户、社区、股东等）的关系，打造和强化这种关系，领导者必须愿意改变自己。创造意味开始行动，通过规划目标、建立一个相互支持的跟进问责系统，来引领个人变革、关系变革和组织变革。

虽然每个领导者都有自己的风格，而且也应该在每个人自己的优势方面加强，但领导力绝非只是能力的增加。在我看来，真正的领导力在于你在困难面前敢不敢站出来。很多改变世界的事情一开始看起来不可能的事情，但要有人站出来做。每一次意义深远的创新和复兴历程都需要惊人的意志力。重大的理念可能需要经过多年的努力和实践才能在现实世界中开花结果。关键就在于永不放弃，在于从失败中总结经验教训，重整旗鼓；在于勇气和信心，面向未来，相信自己并不孤单。

当你看到雨后，一株嫩芽冲破柏油涂层钻出地面时，你就知道什么是创造。人类的精神能够打破惯性的行为和思维的坚硬表面。在这些突破性的时刻里，新事物开始成为现实。领导自己最有效的机制就是深度聆听：聆听他人、聆听自我、聆听整体，聆听生命对你的召唤。联结到人们的实际现状，从这些角度找到入口，然后提供帮助。

领导自己的本质，是实践而不是说教；是把使命和日常工作相互关联，而不是信马由缰的心灵鸡汤；是行而不是知。领导自己的过程就是内心成长历程，通过觉察、联结、创造形成了纵向的整合，一个人清楚地知道自己是谁，到此的目的是什么。

想一想《西游记》吧，最真切地演绎了心灵成长的过程：十万八千里就是从知到行的距离，而九九八十一难则代表内心的魔障，冲突与矛盾是成长本身。孙悟空称为行者，“敢问路在何方，路在脚下”！唯有行动才能创造一切。“人人心中有灵山，灵山不在外面求”，只要学会自我觉察，每个人都可以称为真正的领导者。

领导自己的过程就是从“我”到“我们”。根据注意力法则，你关注什么，什么就会成为事实；能量追随注意力，你关注“我们”，系统的能量就会流向“我们”。当你从“我们”而不是“我”的角度去思考和行动的时候，你就具备了领导团队的基础。

3.2 领 导 团 队

领导力发展的第二个阶段是领导团队，领导团队的本质是发现并培养未来的领导者，从而实现团队领导而不只是个人领导。从领导自己到领导团队，是领导者心胸和能力的巨大飞跃，这意味着你需要相信你的团队成员充满潜能，特别是领导才能。你通过沟通建立关系、通过辅导提升能力、通过授权展示他们的才华、通过愿景来激励他们的信心，从而不仅达成团队目标，更是发现潜在的领导人才。其中的基础是领导者和团队成员之间的关系，这表示着领导者需要逐步的引导关系的升华，从单边关系、双边关系到多边关系。作为一个教练式领导，领导团队意味着全方位的成长：向上学会沟通，向下学会授权，水平学会合作。

团队不只包括你的下属，更重要的是你的上司，很多新晋的经理人很容易忽略和上司的关系，甚至觉得老板在欺压他们，感觉很受伤，以为领导团队就是领导下属，这也容易造成完成目标中的困难。因此，领导团队首先要学会向上沟通，这个“上”不仅指你的上司，还包括外部的客户、供应商、政府、人才，以及内部的客户、同事、专家、技术人员等。“上”意味着资源，因此，向上沟通需要勇气、智慧，更需要适应和增值。适应是沟通方式，增值是沟通目的，可以说在向上沟通中，沟通方式比沟通目的更重要！大量的矛盾并非双方的目的不一致，而是彼此无法接受双方的沟通方式，特别是无法接受对方的反应方式。

向下授权，是指领导者必须挖掘下属的潜能，帮助下属成功，激发下属内在的领导力，通过赋能和授权来发现团队成员中的苗子、种子。水平合作的核心是支持，在未来的组织中水平合作比垂直领导更频繁、更广泛，可以说领导团队的能力，更多的是水平领导力，而不只是基于岗位或权力的领导力，这就需要你不能只为自己考虑，合作中你需要真正考虑对方的利益，甚至把对方的需求看得比自己的利益更重要。

领导团队需要有三个核心能力：沟通、授权、激励。其中授权是基础，没有授权就没有团队的成长和发展；沟通是过程，没有沟通就无法建立关系、达成共识、做出决策；激励是前提，如果团队成员没有受到激励，就无法持续投入，奋力拼搏以达成更大的目标（图3－3）。

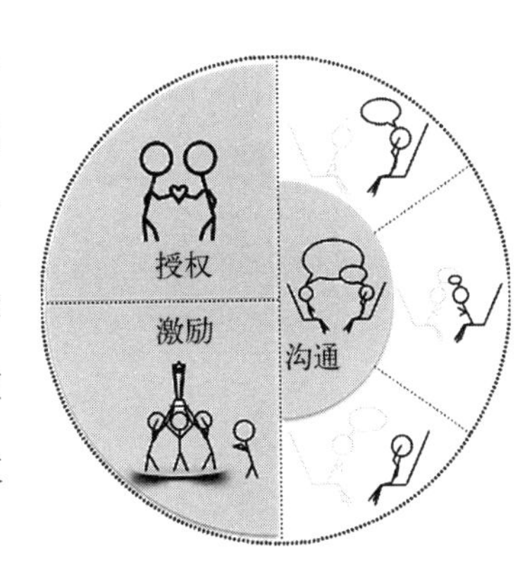

图3－3　领导团队三要素

3.2.1　高效沟通

领导团队的起点是建立关系，这里的关系不仅包含看得见的分工与合作关系，也包括看不见的如情感关系。关系需要通过沟通来联结，每次沟通要么增进关系，要么破坏关系，沟通的质量直接影响团队的发展。

现实中，很多的沟通是低效的。高效沟通源自为对方增加价值，而不是单向索取。无论针对外部客户还是内部客户，你都需要讲清楚：我能为你带来什么价值？如果你要和上司沟通，最好做充足的准备，以利于节省对方的时间。如果你需要向上申请资源，最好事前和同事或下属进行充分沟通，以做出方便决策的书面方案。

实现高效沟通需要三个重要的能力：信任、共情、共识。信任是前提，共情是基础，共识是目的。高效沟通是建立在信任的前提下才会发生，你既相信你自己，也相信对方，你既不防卫，也不强加。每次沟通，我们都是从感受对方的感受开始，我们聆听对方情绪的关键词，我们换位思考、以同理心来感受对方情绪背后的需求，并在深度了解对方需求的基础表达自己的需求，最终求同存异，达成共识（图3－4）。

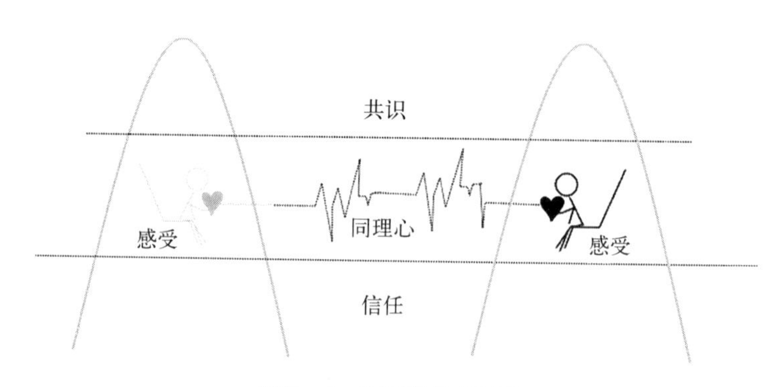

图3－4　高效沟通原理图

一、信任

“近来感觉怎样?”

“还可以”，对方淡淡地说。

“最近我看你的业绩下滑得厉害，是怎么回事?”

“我也不知道，我也很奇怪，可能是他们最近情绪不好。”

“怎么了?”

“我也不知道。可能是……”

如果缺乏信任，沟通就会像上面的对话一样，冷淡而无果。教练需要做的大量工作就是建立信任。很显然，只有让员工感到你和他或她是站在同一个立场，即你是他的依靠，是他值得信任的人，这样你才能成功激发他。信任之所以重要，是因为，当某个人遇到困难停滞不前时，就必须要勇敢地面对眼前的障碍。有了信任，面对困难便容易许多。如果没有建立信任，便不会取得良好的开端，你的地位也会因此一落千丈。作为监督者或检查者出现的管理者，很难让员工与其共进退。

优秀教练都会有意识去建立信任，可以说让一个人值得信任的唯一方法就是信任他人。信任是相互的，给予才会收获，给予越多收获也越多。要做到这一点，第一步要表达的是尊重，这一点非常重要，因为你的不尊重会通过语音、语调、语气或细微的体态变化流露出来，这只会破坏信任。

在沟通中，建立信任的过程被称为“建立彼此的联结”。在倾听中表现兴趣、好奇并给予欣赏的回应，会促进彼此建立和谐的关系。比如，“我们可以聊聊吗？你什么时候方便?”在沟通中，我会经常使用“我们”这个字眼，意思是我们在一起。在沟通中不仅言语的内容能够起作用，表达的方式也具有意义，有些时候方式比内容更重要，真诚和诚实可以产生巨大的影响力。“你需要什么吗？我能为你做些什么?”这些都有利于建立与对方的联结。在沟通的开始，彼此分享一些最近发生的开心的事情，有助于营造一个轻松开放的氛围。毕竟，要想对方开放，自己也得放下，你越自然，对方越会减少防卫。

高效沟通的方向首先是帮助对方得到他想要的东西，教练通常会这样说，“我能为你做点什么？看看我们共同努力能够取得什么结果？”这个和外部的专业教练有所不同，内部的领导者成为教练，首先需要向对方展示你的诚意，你不能一上来就问，“你可以做些什么？”这样会让对方感到无助。

建立信任还包括为当事人提供足够的时间和鼓励，以便帮助他做出正确的决定。要知道，当事人有时候需要更多的时间才能下决心，或者克服内在的矛盾。每个人的心理活动可能千差万别，教练不可以用自己的想法来臆断当事人。记住，优秀的教练总是用自己的信心来帮助他们建立对自己的信心。

二、共情

沟通中，我们发现通常的谈话都停留在第一个层级——礼貌和客套；或者上升到第二个层级——指责和冲突。高效沟通要在建立信任的基础上，让沟通很快进入第三层级——反省和联结。反省和联结的基础是同理，共情是走向反省和联结的开始。传统的领导者在沟通中往往有很强的控制欲，这只会增加沟通的挑战；很多公司不缺乏愿景，而是愿景彻底脱离了现实，这与领导者缺乏共情能力息息相关。

如果仔细观察，就会发现企业中充斥着客套、程式化的问答形式。领导说、下属听，是最常见的沟通模式。这种表面和谐的沟通背后，往往缺乏深度的理解。领导者以自我为中心，对员工缺乏耐心，从来不让对方说完，就会快速打断对方，毫无顾忌，完全不考虑对方的感受。

沟通始于共情，这意味着领导者要打开思维、心灵和意志去聆听。积极的聆听包括以下七个要点：鼓励、复述、情感归类、简单重复、开放式问题、说话时使用“我”、适当停顿。比如在高效沟通中，教练会不断点头、微笑并说“是的”，“好的”，“很好”，“不错”，“很棒”等来鼓励对方多说。通过简单的复述对方表达“情感”的关键词，比如“痛苦”、“生气”、“后悔”、“不可思议”、“怎么会这样?”等表达感同身受。同时教练会通过问一些“开放式问题”来表达自己的好奇、关注、欣赏，比如“哦，是这样。”“当时你是怎么想的?”“具体情况是怎样的?”“还有呢?”等等。

高效沟通需要区分两种不同的情境：一类是目标性很强的沟通，当事人很清楚自己要什么，教练可以单刀直入地与对方沟通。但另一类当事人则会表达自己的挫折感，愤怒、恐惧或其他感受。因为没有实在性的或具有明确目标的需求，他们的行为经常显得不合逻辑，而且伴随着强烈的情绪反应。

事实上，大部分的沟通都属于第二种，当事人有潜在的情感需求。表面上看，当事人会提出问题、疑惑或要求，实际上他们更想表达自己的愤怒、伤痛或者受到不公平对待的念头。在强烈情绪的干扰下，当事人无法正常地思考和行动。这对教练来说是个挑战，但我们必须记住，当事人已经处于激烈的内心冲突之中时，要引领他们走出危机，教练首先明白造成这种状况的原因，这就需要充足的共情能力。

每个人都会遇到新的挑战，这些挑战可能是智力、经济或人际关系的障碍。当这些问题频繁发生，个人便会形成固定的应对机制或“认知地图”。这些地图帮助人们在面对潜在问题时，将其加以分类，确定解决该问题所需要的资源，选择解决方案，并设置解决问题的目标。但有时候人们会遇到从未面临的问题和状况，压力和危机感便会产生，通常的表现便是失控的情绪。

在当事人情绪高涨时，最有效的方式就是积极的支持性的聆听。当有人聆听自己说话时，当事人的情绪往往很快平复，就能更好地仔细地倾听自己的心声，估量和理清自己的想法和感受。对教练而言，高效沟通就是用积极倾听代替暴力沟通，聚焦当下而不是已经发生的事情，找到让对方接受的方式。只要你足够冷静和耐心，任何人都可以沟通。沟通的关键不是讨价还价，而是营造氛围，感同身受，掌控局面；只有现实的问题被提出来，我们才能了解对方的潜在需求，并做出适当行动。

冲突和指责是低效沟通中的常见问题。冲突中人们往往是想证明自己是对的，并借助强压或强求的方式来压制对方。有一位来自广州某化工公司的经理人在过去常常从老板的话中听到责骂和攻击。为此，他很害怕去见老板，通常每隔几个月才硬着头皮去一次。在经过几次辅导后，他告诉我，现在听到老板的责骂时，他可以平静下来体会老板的感受和需要（共情）。

高效沟通不是指责对方，而是要告诉对方，这不是他的错，我们需要去感受彼此“情绪”背后的需求，感受比观点更重要。你需要相信对方，让对方有机会表达，只要松开拳头，冲突就已经结束。有时候，我们认为自己受到了指责，实际上，那些话是他人表达自己需要和请求的方式。如果意识到这一点，我们就不会认为自己的人格受到了伤害。

需要注意的是，过多地评价他人和自我剖析，也会导致心态失衡和冲突。对他人的评价实际上反映了自己的需要和价值观，问题在于：在某一件事情上，哪里有统一的价值标准呢？但是，一旦以自己的标准作为衡量人和事的唯一准则，冲突则无可避免。因此，放弃自我中心的评价模式，是克服心理冲突的有效方式。

当遇到对方和自己期待的不一致，很容易产生情绪。比如有个学员告诉我，每当她回家看到孩子懒洋洋地躺在沙发上看电视而没有学习时，她就非常生气，接下来的沟通只是让事情变得更糟糕。还有一个学员说，她无法抽空与男友一起吃饭，因为只要看到对方情绪高昂，她就不高兴，因为她认为对方没有体验到自己的感受，只顾自己开心。

人性是相通的，虽然每个人的价值观和生活方式或许不同，但作为人却有着共同的感受和需要。在发生矛盾和冲突的时候，如果我们能够从“情绪沟通”转换到“情感交流”，专注于彼此的感受和需要而不是对方的行为，通过“先了解，再理解”的方式，促进倾听、理解以及互助，那我们的沟通就会更加高效。

在工作中愿意聆听，意味着领导者放下了高傲的身段。在聆听中保持耐心、理解和体谅，就能与员工建立起强有力的情感联结和信任关系。这种支持性的氛围将成为激发员工最重要的基础。

有一次，我在企业主持战略绩效工作坊时，一个事业部的总经理对总裁说，我们要增加新的品种，否则业绩无法提升。总裁认为如果连现有的产品都卖不好，怎么可能卖其他产品。于是总经理开始情绪激动，说：“你根本不理解我，不理解一线员工的心声！”在经过一番激烈的沟通后，双方仍然争执不下。

于是，我叫了“暂停”，先让这位情绪激动的总经理休息一会，调整一下自己的情绪。等情绪缓和后，再重新开始沟通，所不同的是我首先调整座位，由原来的面对面的坐式，改为双方肩并肩的坐式，这样把心理上谈判式的沟通或说服式的沟通调整为协商式的沟通。我问总经理：“现在感觉怎样?”他说：“坐在总裁旁边，有很大的压力。”我说：“我能感觉到，你能告诉我们你有什么需要吗?”听到这句话，总经理全身似乎颤动一下，说：“是的，我是有需要。”全身放松下来。

他开始讲，首先，他需要总裁在新品引进上进行把关和指导；其次，他需要公司能有一定的资金支持；第三，他期望总裁每个月能抽出一点时间来关注他们。没想到总裁听完后，愉快地说，“哦，就这个需求，没问题，你们回去充分讨论并做个书面预算发给我。”这次沟通以双方愉快地达成共识结束：总经理非常感谢总裁的大力支持，总裁也肯定了总经理的努力。

事后，总经理告诉我，他原来以为总裁不理解自己，不认同自己甚至不支持自己，感觉压力特别大，在沟通中他试图强力说服总裁。但现在他发现，原来是他不理解总裁，自己没有站在总裁的角度，没有很好地处理老品和新品的关系，总裁并非说不要上新品，而是上新品的时机，以及如何进一步挖掘团队销售老品的能力。

他承认，最大的体会就是“沟通方式比沟通内容”更重要。过去自己思维单一，非A即B，比如要么增加新品、要么裁员，脑子里几乎没有第三选择，于是表现在沟通中没有变通。而且发现沟通实在是太重要了，作为领导者，沟通得好，自己不做，员工就能开心地做；

如果沟通不好，你自己做，员工和你对着干。

通过这个案例，你发现了什么?

三、共识

高效沟通意味着达成共识，团队中没有共识，就无法高效达成目标。领导团队最大的挑战就是如何与不同的伙伴达成共识。因为，团队中每个人成长速度各不相同，每个人的经历、背景和思维方式也各有差异，领导者需要关注的不是少数人，而是整个团队，这就需要领导面对不同的对象、不同的情境，需要运用不同的方式。

首先，在一个团队中或部门中，或多或少都有后进的员工，对待这部分的员工，领导者应该从培养良好的非智力因素入手，启发诱导，激发兴趣，去唤醒他内在的工作动力，使其明确工作目的，调整工作态度，改变工作方法，变“要我做”为“我要做”。这是一个艰苦的过程，领导者要付出足够的心血、时间和精力，其中最重要的就是要花时间与下属沟通。

而在沟通中最大的挑战是认知和行为习惯。过去，人们认为沟通就是单向的命令、要求、说服等，甚至认为所谓达成共识就是对方听自己的，如果对方不听自己的就认为对方有问题。

如图3－5显示，如果对方不同意，你也不同意，相对比较容易达成共识；或者你同意，对方也同意，也比较容易达成共识。最挑战的就是你同意，对方不同意；或者对方同意，但你不同意。沟通就是在双方看法或观点不一致时，如何求同存异，达成共识。

在现实生活中，大量低效的沟通都是单向说服，而不是双向交流。达成共识的要点在于建立信任的基础上，通过感同身受来了解彼此的需求、

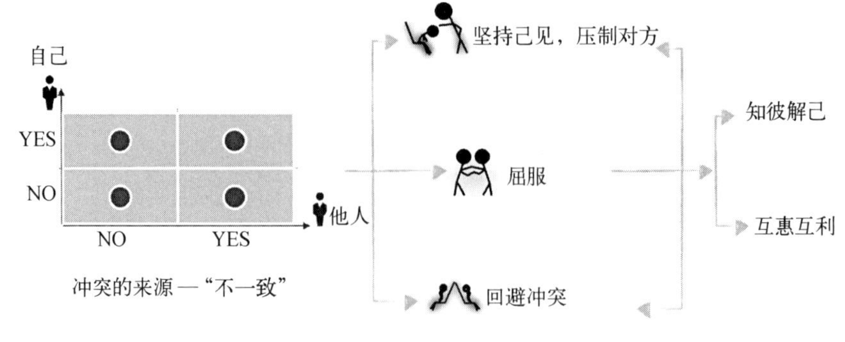

图3－5　压力下的沟通

观点和立场。

有一家新公司，在进行公司的组织发展思考和五年战略规划时，老板没有经过总经理同意，就直接告诉总经理自己未来的构想，结果遭到总经理的强烈反对。老板很纳闷，因为他内心的一套想法，自己已经想过很多遍，他几乎不需要对方的思考，只需要对方的接受，一旦对方不接受时他就本能地开始说服。而总经理脑子里可能根本没想过，或者也有一套自己的认知，而这个认知连他自己也未必留意到，结果他自己也不知道反对的理由是什么，最终不欢而散。

经过辅导，这位老板开始换位思考，邀请总经理把他的想法和需求充分的表达，老板通过积极的倾听和有效的发问，帮助总经理理清思路，并且在对方遇到困惑时，适当地分享自己的想法，结果总经理非常满意，在这个过程中他不仅学到了很多东西，而且很感谢老板，觉得老板有独到的见解。可见，目的一样，方法不同，导致的结果也完全不同。

让我们再来看一个案例。

教练：你好，最近感觉怎样？

当事人：感觉不错，就是感觉挺忙的。

教练：哦，什么方面？

当事人：我有一个问题请教你，可以吗？

教练：可以，你说……

当事人：我的计划总是完不成。比如，我计划每天6件事，结果总是有其他事情的影响。

教练：具体说说看。

当事人：比如，本来我打算昨天下午2:00约一个潜在客户沟通，但在上午我接到一个老客户的电话，他说要买产品。结果我就去给老客户送货，而把那个潜在客户的预约往后拖延。

教练：你这样做的影响是什么？

当事人：我新客户开发就始终出不来。

教练：当你接到老客户电话时，你的内心对话是什么？

当事人：我内心的对话时送货就能收到钱，而开发新客户，能不能成功还不知道呢，说不定是白花时间而没有结果。

教练：现在回头看，你对自己有什么新的发现？

当事人：我现在意识到，实际上我是害怕见陌生人，于是我内心把新客户开发的工作不断往后推。

教练：还有呢？

当事人：我现在知道，真正的问题不是时间管理或计划完成率的问题，而是内心不愿面对真正的困难，不愿挑战自己的舒适区。

教练：那么你的选择是……

当事人：我打算挑战自己的舒适区，我会制定一个三个月的个人成长计划，明天我再找你请教，好吗？

教练：好的，祝贺你。

当事人：谢谢，谢谢你的支持和帮助。

通过以上案例，你发现了什么？你可能注意到教练几乎没有表达自己的任何观点，只是倾听和发问，帮助对方找到真正的问题，激发他自我反思和找寻答案的意愿。

可见，达成共识有两个关键的要点：情感交流和信息互换。两者缺一不可，相辅相成。俗话说，“能力不够，用爱来补！”达成共识不仅需要智慧，更需要有爱心和耐心。当领导者关爱暂时落后的员工，关注他们的进步，员工就能一扫情感的障碍、意愿的不足、能力的差异，通过自身努力，找回自信和自尊并愿意和团队保持一致。

总之，高效沟通需要领导者有一颗感恩的心灵，不时地贴近和感受员工；有一双清澈的眼睛，走入员工的生活，发现他们的闪光之处。领导者要记住，一句关爱的话，一个鼓励的眼神，一次信任的微笑，都可能唤醒员工沉睡已久的意识和潜能。

3.2.2 赋能授权

领导团队的首要任务是授权，通过授权来发现和培养未来的领导者。在金字塔式组织结构中，权力集中于金字塔的顶部，团队协作通过等级、监督、计划展开。只要处于顶部的核心团队表现出色，并且组织规模相对较小，那么这个结构就能够良好运作。然而，一旦组织或公司的规模开始扩大，就必须进行放权，使决策过程更加贴近市场，由此诞生了扁平化的结构和网络化的组织形式。此时权力分布于相互协作的关系中。

扁平化意味着更多的人向你汇报，网络化则更是更加开放和平等。此时，如果没有授权，你就无法从事务性、常规性的工作中解脱出来；相反，只有充分授权，员工才能得到激励和新的发展机会，士气得到提高，队伍趋于稳定。授权的关键是赋能，通过授权来提升下属或伙伴的能力，同时随着能力的提升，又可以授以更大的权限，从而形成一个良性循环。

一、赋能

什么是赋能？简言之，赋能即沟通、辅导、教练。传统辅导只是提升下属的知识或技能，而教练辅导不仅提高具体的知识和技能，更提升伙伴独立解决问题的能力。

表 3－1　沟通、辅导、教练的区别

	方　式	目　的
沟通	情感交流、信息互换	达成共识
辅导	示范、讲解要点、及时反馈	提升能力
教练	支持、鼓励、问责	激发信心

辅导与教练是在高效沟通的基础上，只有与双方达成共识，明确目标和意愿，辅导和教练才会有效。辅导的目的是提升下属或伙伴的能力，无论这个能力是销售能力、财务技能、工艺技术、客户投诉处理、解决问题的能力、人际交往的能力等，为了让辅导更有效率，在辅导中领导者主要做的工作是：示范、讲解要点和反馈。示范是你做给他看，他看你怎么做，或者配合你做；示范完了后，很重要的一个要点是讲解要点，就是分解动作、拆招解招，把复杂的动作简单化、程序化，并附上说明，无论是文字

还是视频，让对方对其中的要点一目了然。如果只有示范而没有讲解要点，则只能靠对方的悟性，这是很有挑战的。辅导的第三个要点是反馈，就是你做完后，让对方做，你在旁边看，然后你需要及时反馈，你哪些地方做的好，哪些地方做得不够好。

但辅导不能只是停留在技能的提升上，随着移动互联的进一步普及和发展，很多基础知识和技能已经不是辅导的重点，实际工作中员工遇到的不是不知道、不明白，而是知道但做不到，即从“知道”到“做到”之间的跳跃。比如：有个员工在带领团队的过程中遇到了挑战，让我们来看以下的对话。

教练：你好，最近感觉怎么样？

当事人：不是很好。

教练：怎么了？

当事人：我有一个员工，我明明看到他有问题，但我又不敢告诉他。

教练：哦，那你具体说说看。

当事人：好的，我的一个员工，从农村来的，个性很要强。几乎不听我，我感觉他不信任我。

教练：具体说说看。

当事人：我也说不上，就是一种感觉。

教练：当你看到他时，你内心的对话是什么？

当事人：我认为他不应该总是和不如他的人在一起。

教练：理由是什么？

当事人：你看我总是和比我强的人在一起，这样能学到东西，否则不是浪费时间吗。

教练；哦，还有呢？

当事人：还有，我看到他在生活方面穷大方，明明没有钱，还穿那么好的衣服，进那么贵的餐厅。

教练：那你的意图是什么？

当事人：其实我就是为他更好，更有进步。

教练：如果你往后退一步，或跳出来看看，你发现其实你真正的意图是什么？

当事人：好，让我好好想想…

教练：……（沉默）

当事人：我发现，其实我是希望他和我一样，我把我的做法投射到他的身上，我对他的做法不认同，我无法接受他的行为。实际上，我无法接受我自己这么做，我也希望他不要这么做。

教练：哦，还有呢。

当事人：我真正明白了，我其实是想把他变成我一样。

教练：你觉得现实吗？

当事人：不可能。

教练：那你能做些什么？

当事人：我需要做的是，接纳他，信任他，相信他这样做一定有他的理由。

教练：祝贺你。

当事人：谢谢你，教练。我真的体会到，要想赢得他的信任，首先要学会去信任他。

在这个案例中，当事人并非是技能上的欠缺，而是心智上的障碍。主观感觉阻挡了他的成长。此时，就需要教练帮助当事人去觉察自己内在的情绪模式。

情绪模式是一种内在的未完成的体验方式，它可能表现为强加观点、忽略感受、限制表达、在错误的地方寻找自我、冷漠、麻木等。而在管理中，情绪往往表现为生气、恐惧和焦虑。生气通常是对方没有达到自己的期望；恐惧是对自己和他人的不相信；焦虑通常是对未来不确定的一种担忧。这些情绪在不经意中就被投射到对方身上，比如上面这个案例，当事人渴望得到认可和信任，却认为对方对自己不信任。

在教练中，领导者的作用并不是简单地告诉对方，而是通过深度对话，通过强有力的发问让对方自己去反省和发现。在这个案例中，当事人从开始抱怨下属不信任他，转而发现真正的问题是自己无法接受对方的行为，也给对方带来了不被信任的感觉。

在教练中最重要的是倾听和发问，被倾听是一种愉悦的体验，当教练追随着你的言语，沉浸于每段话语并感同身受时，你会因理解而身心放松。一旦感觉被理解，倾诉者会更大限度地吐露心声，会感到更安全，更相信彼此。发问的基础是倾听，而现实工作中，倾听的缺失尤为常见；在工作的重压下，人们不愿意倾听，而是急于下结论，希望立刻解决问题。在领导者一员工之间，充满了比较和对抗式的谈话，例如，“你觉得很可怕？让我来告诉你我以前……”“你说你生气，你知道我那个时候是怎样的……”“你怎么会这样，你知道我是怎么做的……”领导者几乎都是用自己的感受来诠释所听到的内容，用自己的方式和标准来衡量一个人。这样做的结果是，员工只是被评价、被指挥甚至是被操控的对象，而不是活生生的、自主的个体。既然如此，还有什么样的理由让员工主动、自觉地参与到工作之中呢？参与度越来越低，已经成为企业非常严重的问题，部分原因来自"无人倾听"。

赋能需要一个没有压力的环境，在其中，当事人有机会去察觉自己、反思自己。营造辅导氛围，教练通常聚焦导致成功的方法而非失败的原因，关注并支持人们讲述他们自己积极发展的故事。这需要遵循以下原则——

阳光法则。在辅导中领导者就像阳光一样滋养着伙伴的成长。因为人类系统具有"向日性"，向富有生产力和创造力的意象发展，这些意象根植于人类最正面的核心观念，即他们的价值观、愿景、成就和最佳实践之中。

优势法则。每个人都有优势，辅导方向是发挥优势而不是提升不足。教练不一定会给很多建议，但可以分享你对伙伴积极的感觉。辅导工作很重要的一部分是通过提问的方式来引导员工自我发现。在辅导中，教练通过极具针对性的问题打开对方封闭的心门。但注意，教练不是法官、医生，当员工开始学会对自己的工作充满好奇的时候，压力和危险也就随之降低。好奇心会使教练与员工并肩进入更多未知的领域去探索，并渐渐愿意去发现自己的优势和卓越，尝试一些有挑战的事情，敢于进入新的领域并期待着能够发现更多的可能性。

反馈法则。成长源于反馈，客观的反馈有利于帮助当事人发现盲点。在辅导中，教练式领导会通过走动式管理去观察感受员工的语言、行为、故事背后的含义，深层次的经历以及表面之下的真实。教练能够倾听到对方的价值观、视角或目的，同样能倾听到反抗、恐惧、退缩或阻挠的声音。教练会给对方真实的反馈，告诉对方哪些因素使他停滞不前，指出它们的弱点以及可能的后果。

行动法则。学习和行动是教练与员工并肩努力的产物。学习与行动这两种力量使得改变变成可能。辅导的核心目的之一就是推进行动，并在行动中学习到新的能力。但是，学习不是行动的简单副产品，而是一种平等且互补的力量。学习产生新的想法，可以带来更多的机会并强化改变的力量；同时，行动又能让你产生更多的体验并学到更多。

在教练管理中，辅导并不仅仅是帮助对方完成任务，而是能让人了解行动能否对核心原则起到帮助的作用。

二、授权

没有分工和授权，就没有团队的发展和壮大，制约团队的关键因素是领导者不善于授权。领导者害怕授权或者授权不充分，有着深刻的心理原因，比如对他人缺乏信心、担心失去控制、担心员工没有经验、担心员工能力不够、担心事情搞砸，也有其他原因，例如——

- 习惯自己直接做，不愿教；
- 在教的时候，把对方和自己比较，恨铁不成钢；
- 没有耐心，无法接受失败的体验；
- 舍不得投入时间和精力；
- 过于关注短期利益；
- 没有动力，担心教会徒弟饿死师傅；

……

从上面列举的因素可以看到，不愿授权的根源在于领导者自己。若要充分授权，领导者首先必须学会领导自己，从心理上消除那些所谓的担心和焦虑。只有自己心智成长，才可能通过授权给予员工更大的成长空间。

领导者需要知道，生产力和绩效或许能够暂时赢得领先，而只有关注人才培养才能够赢得最终的胜利。从领导自己到领导团队是从生产者到培养者的转变，因为“人”是任何组织中最重要的资产。优秀教练不一定都是冠军，教练并不一定要比所有的员工都优秀，更不一定要成为权力的中心。杰出的教练总是放下自己，将注意力聚焦于团队协作，增进员工相互了解，培养忠诚和信任的文化氛围，通过他人和团队的成长来实现团队的目标。

授权并发展下属的领导能力是领导团队并助其成功的基石。领导者应把其关注点从团队中其他人的生产力转移到他们的潜力开发上去。领导者应将20%的注意力放在组织中的生产力（如KPI指标）上，而将80%的注意力放在发展和培养团队成员的个人成长上。对那些习惯自己做或者期待下属自我发展的领导者来说，这一转变是个挑战，然而一旦转型成功，将给团队带来持续的动力。

有个总经理在学习完授权的课程后，猛然醒悟自己过于忙碌的原因是没有授权，过去什么都自己亲自做，而且还抱怨下属没有能力，导致团队发展出现瓶颈。于是，他花了一年的时间开始打造自己的核心高管团队，不仅把核心团队派到我的领导力课程集中学习，而且自己也开始定期与高管进行沟通与辅导，结果不到一年时间，团队就开始发生根本的变化。不仅下属感受到来自领导的信任，通过授权享受到更大的发展空间，而且总经理本人也更加轻松快乐。在总结当年绩效倍增的关键因素时，他感慨万千地说："只有自己放下，团队才会成长；只有充分授权，团队才会发展。"

可见，当团队而不是个人成为企业的工作单元时，授权就成为领导者的关键能力。科学管理时代，泰勒主张在管理者和工人之间明确分工和划分职责。他要管理者从事计划工作和思考工作，要工人只是按管理者的吩咐去做。泰勒的建议在当时也许是个好的建议，但在今天已经失去了效用。事实上，因为许多工作的复杂性，有知识、技能和经验的员工往往比他们的管理者更清楚如何把工作做得更好。在此基础上，聪明的领导者都会通过重新设计组织，让员工来决定与工作有关的事情，使得绩效和员工的责任感得到提升，这一过程就是授权。

某种程度上，领导者的教练能力与他的授权能力成正比。通过授权，员工拓展了工作的能力和空间，而不授权的领导则会阻碍他们的晋升。领导者需要接受这样的事实：别人可以做到和你一样好，甚至更好。当你做一件下属也能做的工作时，你就失去了做只有你才能做的工作的机会。

领导者不仅自己要授权，还要教会下属如何授权，逐步将工作分配给有能力的员工去做。关于授权，需要注意两个要点。

第一，知道何时该授权，何时该自己负责。

你需要检查自己的工作量，决定将哪些任务分配给下属。首先将你没有时间完成的任务分配给下属。然后逐步学会将常规任务、重要任务直至决策性任务授权给下属。对于授权给下属的工作，你需要和下属共同承担职责。你可以试着列出目前负责的活动、任务、项目及承担的职责。对于自己必须亲自负责的，记为A类；对于可以授权别人做的，记为B类。对于记为A类的工作，重新评估一下其必要性。

向下属授权前让他们做好准备，让他们明白承担并完成授权的任务是他们的职责。分配工作时将工作的重要性向下属作明确的说明。领导者期望成功，但不要害怕失败，我们需要考虑不采取行动的后果，在授权前你可以把自己想象成一名熟练掌握授权技能的领导者，然后思考以下问题：

- 你会把职责第一个授权给谁？
- 你为什么选择这个人？
- 你会把哪些事授权给他/她？
- 设想一下当你已经将这些事授权下去之后，你觉得怎样？
- 你期望得到什么结果？
- 从这个授权中你学到了什么？

同时每个阶段，你可以列出四件近期亲自做的任务，考虑一下，当初你如果授权下属去做会有什么不同。如果你发现可以授权，以后遇到同类任务，授权下属去完成。

第二，向合适的人分配合适的工作。

分配工作时你需要充分考虑下属的强项。如果下属不具备承担某一项工作的技能，你可以给他们提供必要的培训。如果不了解下属的能力，可以先试着给他们一些小的带有挑战性的任务，看他们是否能够顺利完成，并以此为基础分配其他任务，同时提供必要的辅导和培训。

你需要认真对待每一次授权，授权时要考虑下属的工作量，必要时调整工作职责，并提供足够的指导和支持，帮助下属成功。你需要了解下属需要什么才能完成任务；如果他们不清楚，就要通过提问帮助他们认识到还需要哪些条件才能顺利完成任务。

定期向下属了解授权的任务的进展，不要认为“没消息就是好消息”。授权后你需要定期与下属讨论任务的实施与进展情况。如果对下属是否能完成授权任务有怀疑，请他们用自己的话将有关该任务的职责、权限和他们会怎样去完成任务的行动计划告诉你。

你可以找出三项你可以向他人授权的工作，然后思考：

- 你选择这些任务的原因是什么？
- 将这些任务授权后你能得到什么益处？
- 将这些任务授权下去可能会有什么负面作用？
- 你和下属可以做些什么使负面作用降到最低？

通过这些思考和练习，你的授权能力将逐步得到提升。此外，要注意的是唯有将授权和赋能充分结合才能有更好的效果。在实际操作中我们需要针对不同的对象，根据不同的任务以及对方的能力和意愿的强烈程度，采取不同的指导、辅导、授权、教练等方法。

3.2.3 愿景感召

团队的核心是“人”，不管任何时代、任何环境、任何技术革命，你始终需要激励人、鼓舞人，用更好的方式让人们彼此协作，尤其是当公司具备相当规模之后，更要靠这些确保公司持续的良性发展。在多年的教练中，我发现大多数个人和团队失败的原因不是战略错误、资金不足、技术问题，而是未能吸引足够的人才。团队成功最最重要的驱动力是人才。伟大的团队，无论大小，其发展或衰退的影响因素一定是人才。你的团队中拥有越多高绩效的人才，团队就越可能获得成功。研究显示，只有少数的新聘人员最终成为高绩效人才。

那么，怎样不再为平庸的人才支付昂贵的成本？如何吸引及留住A类（高绩效）员工呢？答案是：愿景感召。俗话说，“物以类聚、人以群分”，吸引A类人才重要的用愿景感召，吸引那些志同道合的人才，这就需要领导者花时间和精力，而不只是花金钱，因为真正的人才并不是一眼就能看出来。他需要一个磨合和延迟的过程，其中的关键是“化解压力”，毕竟优秀的人才都是有个性的，这对领导者本人和团队成员都是一个挑战，就像很多空降兵最终失败，更多不是能力的问题，而是和已有的团队或领导者无法相处。因此，不仅领导者需要深度认知自己、了解对方、知道自己真正想要的是什么，同时还要通过机制和文化来创造合作的氛围，化解合作中的冲突，从而充分发挥团队优势互补的作用，最终共启愿景，再创辉煌。以下是将A类人才带进团队的原理图（图3－6）。

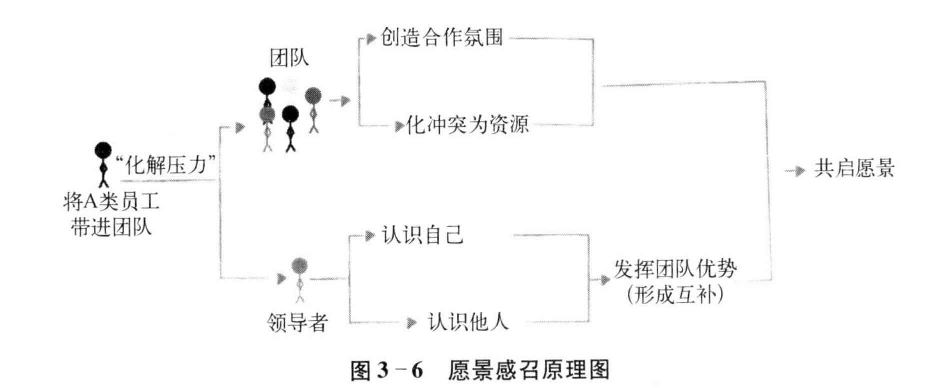

图3－6　愿景感召原理图

一、感召

优秀企业的CEO平均至少花1/5时间感召顶尖人才。马化腾说，对腾讯来说，业务和资金都不是最重要的。业务可以拓展，资金可以吸收，而人却是最不可轻易替代的。李开复则认为，任何一个好的老板至少要把

20%的时间放在招聘上，他自己则从来没有少过20%，要尽量找一些非常优秀的、最好在某个方面比自己优秀的人；每雇用一个新人，都要试着把团队的平均水平提高，而不是下降。小米的团队几乎主要的人员都来自微软、谷歌、金山、MOTO等国内外著名IT公司的资深员工。

反思一下自己的企业和团队，你受到的挫折有多少是由于你招聘了太多的中等绩效和低绩效的员工所造成的？这些人是如何被招聘进来的呢？很多CEO对HR不能很好地提供人才而深感失望。同样的，业务经理也经常对人力资源部满腹怨言。

让我们细想一个现实的案例。一家化工企业需要招聘一个新公司的总经理，HR通过猎头公司，一年内面试了7个高管，录用了3个，结果没有一个是成功的。这又意味着什么？也难怪很多CEO告诉我，他们觉得80%的时候支付给猎头公司的钱是不值得的。

通常有一个规律，在帮助企业面试的过程中，我留意到高绩效人才在他们的简历和面试中，基本表现诚实；而低绩效的人则通常会表现他们的优点，隐藏他们的缺点。由教练而不仅是用人部门参与面试，会有助于面试者讲出更加“真实的信息”，包括每一份工作的成功、失败、关键决策、重要的社会关系等。同时，教练会要求应聘者安排自己和其前任上级或者其他重要的人打电话进行背景调查。特别重要的是不要一个人独自参与面试，教练建议至少两个人参加面试，这样将大大提高招聘的成功率。

高管团队如何组建？我们需要了解的是，主动寻找和雇用最有天赋的人，会对创造其他竞争优势有额外的附加影响。吸引更多的高绩效的A类员工，能够事半功倍。

A类员工——高绩效员工具有诸多共性，比如：高效解决问题的能力，他们能迅速地发现问题并且进行复杂地分析；极强的领导能力，推动需要的变革，有很强的适应能力并且能激励整个组织；精力旺盛，有很高的能量，每周工作55个小时以上，追求成功；工作主动，拥有惊人的能力，能采取各种方法克服障碍，乐观进取；辅导和培训团队成员，使他们的绩效和个人职业发展不断提升；建立专业的、有凝聚力的、目标明确的团队。

教练需要定期评估部门工作的计划和未来面临的挑战，分析团队成员的技能状况，找出欠缺的技能。培训有潜力的员工，不要把不能胜任的内部员工放到那个岗位上。更重要的是，不要只聘用与自己相同的人，这会导致团队的技能和想法单一化。招聘或提拔时总是先从内部找，再从外部找。当需要从外部招聘时，先从公司内部员工身上找出成功的特征，应用于招聘新员工，向他们提供支持和培训。

我问过大量的领导者："招聘最好的方式是什么?"大家几乎异口同声说："从认识的高绩效者或者其他的人际网络中来。"看看我们周围，你就会发现好的员工一般来自举荐。因此，人际关系网是人才的重要来源。我建议每个教练都建立和维护备选人才清单，至少包括20位A类员工和10位左右认识很多你可能雇用的高绩效者的"联系人"。

表3-2　A类人际关系维系表

姓名/月份	1月	2月	3月	…	12月
×××	行动1				
×××		行动2			
×××			行动3		

这个表格左边是你认识的高绩效人才或他们推荐的潜在人才的姓名，横向是月份，从1月到12月，你需要计划的是针对每个重要的人才，每个月你需要做的最重要的事情，这样持续不断地建立并发展你的人脉。而且每次需要招聘时，你都可以考虑请你信任的、有能力的员工推荐人选。收到简历后要持开放积极的态度，即使目前没有空缺的职位，也可以与候选人保持联络，或者可以将他推荐给别的部门或同事。HR需要与劳动服务机构、人才中介机构、教育机构保持联络，以得到大量人才资源，同时加入各种专业性机构或团体，那里你会遇到有才能的人。你还可以通过激励推荐者或询问新员工的人际网络清单等扩大人际圈子，你的圈子决定了人才的质量，你自己的高度决定团队的未来。可以这样说，一个平庸的人看不到比自己高明的东西，但是一个有才能的人却能立即识别出他人的才能。

乔布斯曾经说过："我过去常常认为一位出色的人才能顶两名平庸的员工，现在我认为能顶50名。我大约把四分之一的时间用于感召和招募人才。"据说乔布斯一生大约参与过5 000多人的招聘，组建由一流的设计师、工程师和管理人员组成的"A级小组"，一直是乔布斯最核心的工作。

二、愿景

人才是否能在一个团队发挥作用，最重要的因素取决于：他是否受到激励？事实上，一个人无法激励另外一个人，真正能激励人才的是团队的使命、愿景和价值观，优秀的领导者善于运用伟大的愿景目标来激励团队成员。每个团队都包含三个要素：成员、连接和目标，其中目标是团队中最关键的决定因素，没有共同的目标就谈不上团队。目标的设定和改变会对团队产生重大影响。想象一下，如果球队的目标不是看谁赢而是看谁输，如果大学的目标不是传播知识而是赚钱，情况会怎样？每个领导者都有责任坚定不移地树立一个共同的目标与统一的价值观，如果没有这种责任，团队将会一盘散沙（图3－7）。

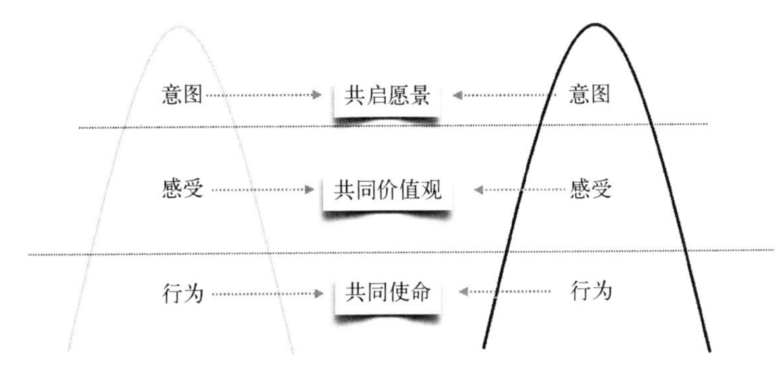

图3－7　共启愿景

很多企业，尤其是一些中大型企业，经过多年发展，无论快慢，都面临“集”而不“团”的问题，理念不统一，团队缺乏凝聚力，管理层抱怨战略难以落地，员工表面对公司忠诚，难以真正发挥合力来实现目标。可以说，领导团队就是经营目标，即公司与客户、公司与供应商、管理者与员工、管理者与公司、员工与员工之间的共同目标等。

统一目标通常始于公司的创始人或创始团队，教练可以通过深度对话挖掘公司的使命、愿景和价值观。如果是新公司，由于组织的规模较小，同时创始人有着独创性的思想，能够深刻地影响组织的全体成员。如果是经营一段时间的公司，就需要结合公司已有的文化提炼并升华至理念层面。

如何判断公司的愿景和价值观已经“生根”，还是仅仅“走走形式”，或者根本就是“胡话”？你只需要在一天忙碌下来，问问自己：“我们的愿景和价值观对我今天做对决定有什么影响?”如果没有影响，那么它们就是些胡话。企业不仅需要拥有简明扼要、清晰明了而又独一无二的宗旨，同时企业的使命必须拥有很高的透明度和足够大的范畴，以便提供一种共同的愿景。而包含这种愿景的目标必须清楚、公开，而且要时常加以强调。

愿景自然而然地为团队成员带来勇气，团队成员甚至并未意识到这种勇气的分量。勇气就是在追求愿景的过程中敢于承担任何必要的任务。愿景优先于战略规划。没有愿景的战略规划通常只关注今天甚至昨天的问题，而不是明天的机遇。愿景则是企业着眼于长久未来的结果。

愿景与目标不同，目标属于管理范畴，它主要进行理性的分析、计划、评估与约束；而愿景属于领导范畴，它主要涉及感觉、洞察、想法等。典型的战略规划只注重对市场机会、公司资源状况、竞争对手的优缺点等作出详尽分析，而忽略了一个关键问题，即如何形成更长期的行动计划。它们并不是“非 A 即 B”的选择，而是需要平衡。事实上，要在长期愿景和短期目标之间保持平衡是极其困难的。大多数管理者之所以丢掉新市场、错失新产品开发以及忽略人才的引进和培养，就是因为他们既没有前瞻性愿景，也没做提前规划，只是随着环境变换作条件反射。愿景在当今不确定的环境下尤为重要。眼下这个任务将把我们引向何方？更好的情形是怎样的？优秀的教练有个共同的做法，即引导企业关注长期的改善状况，帮助企业在目前的状态中找到意义和目的。

伽利略曾说：“我们无法教导人们，我们只是帮助他们发现存在于他们内心的事物。”共同愿景是从个人愿景中浮现出来的。只有这样，共同愿景才能产生出力量，培育出奉献精神和承诺投入的愿望。个人愿景根植于个人的价值观、愿望和志向。教练会不断激励组织成员去开发个人愿景，如果没有个人愿景，就只能“报名参加”别人的愿景，结果只有顺从。相反，大家都因为很强的个人志向而走到一起，产生有力的协同效应，以成就“我或者我们，真心愿望的”未来。

没有人能够赠予别人“他的愿景”，也不能强迫别人开发愿景，要尊重他人的自由。你可以创造一种氛围，在分享自身愿景的同时鼓励大家分享各自的愿景。开发愿景触及生命的深层意义。人类最深切的渴望并不是追求欢愉，而是追求一种终极目标，它会让我们的生命更加完整，生活有着清晰方向，并愿意付出全部力量。如果你不深信自己的生命充满意义，就永远无法体会到发自内心的最大喜悦。

电影《斯巴达克斯》最震撼的一幕是，当战争失败被问谁是斯巴达克斯时，不到一分钟，所有奴隶起义军都站了起来。这意味着他们选择了死亡，这就是斯巴达克斯所激发的共同愿景的力量，即他们可以成为自由人这一理想，这个愿景是如此具有吸引力，以至于没有一个人忍心放弃它而重新沦为奴隶。

勾画激动人心的未来，是教练不可或缺的能力。共同愿景不是理念，而是人们内心的愿力，一种由深刻难忘的影响力所产生的愿力。你是真正高效的教练，还是一名技术管理者，主要取决于你是否与团队一起描绘出清晰有力的美好未来。教练必须关注未来，关心明日的世界，关注未来的接班人。当他们离任的时候，组织应当比创始时更健康，这是他们的神圣职责。

今天，很多公司的愿景更多是某个人（或某个部门）强加在组织之上的愿景，这种愿景最多只能带来强制性顺从，绝对不能激发奉献和承诺。

共同愿景是大家真正承诺投身的愿景，原因是它代表了大家（而非个人）的愿景。我看过很多公司因为领导提出的愿景看起来是那么的激动人心，但是伙伴们却不为之所动。事实上，人们真正想要听见的不是领导者的愿景，他们想听到的是他们自己的渴望。他们想知道，自己的梦想如何成真，自己的希望如何实现。在教练描绘的图景中，他们想看见的是自己的样子。最优秀的教练清楚，要激发起来的是共同的愿景，而不是把自己的世界观推销出去。

教练需要把所有的人调动起来，思考这个问题："我们想要创造什么?"个人愿景是自己头脑里的画面，而共同愿景则是整个组织中人们内心的图景。这样的图景让组织有一种共同性，从而在其各式各样的活动中保持一种连贯性和一致性。当大家拥有真正的共同愿景时，彼此之间就相互沟通了，并且被一种共同的抱负凝聚在一起。实际上，人们想寻找共同愿景的原因之一，就是期望在重要的事业上找到沟通和共鸣。

建立共同愿景的第一步就是放弃某一观念，即认为愿景总是从"高层"宣示的，或者从组织的正规计划工作来的。其次，建立共同愿景不是高管关起门来自己写出来的，这种官方愿景只反映一两人的个人愿景，各级员工没有机会参与探寻和测试，大家没能理解，也不能"认领"和拥有这种愿景，把它变成自己的东西。结果，这种愿景根本无法鼓舞人心。此外，愿景不是解决问题的方案。假如把它看成解决问题的方案，如士气低落或绩效不佳，那么，问题解决以后，愿景的能量也就消失了。愿景建设必须成为领导者日常工作的核心内容，不断改善、永无止境。

处于领导地位的人必须记住，自己的愿景仅仅是个人愿景。这一点很重要。想建立共同愿景的领导，必须不断分享自己的个人愿景，而且，还要准备问一个问题："你愿意跟随我吗?"如果没有人支持，愿景就很难实现。真正被分享的愿景是需要时间才能浮现出来的，它是个人愿景在交流沟通过程中生长出来的副产品。

许多共同愿景都是外在的，比如打败竞争对手，实现成功的业绩，这样，一旦愿景目标实现了就很容易进入舒适区，开始防守，想保住已有的成绩。这种防卫的目标很难激发创造力和创新冲动。而另外一种共同愿景则是内在的，更关注内在的"卓越"，而不是击败所有的对手。比如京瓷的稻盛和夫恳请员工"内省"，以发现自己内在的绩效标准而不是外在的考核，他认为，公司在追求业内领袖地位时，目标可以是比别人"更好"，也可以是业界"最好"。但是，他的愿景是让京瓷达到"完美"，而不仅仅是"最好"。

共同愿景，特别是由内在深度的愿景，能够激发人们的热情和抱负。由此，工作就成为追求由更大价值的志向目标的过程。在公司里，共同愿景会改变大家与公司的关系。公司不再是"他们的公司"，而变成"我们的公司"，通过共同愿景，原来互相不信任的人可以走向第一步合作。共同愿景会带来共同的认同感。实际上，公司组织所共享的志向目标、愿景及其实践的价值观念，构成最基本的组织共同特征。

激励团队有两个根本能量来源：恐惧和愿望。"我们想要什么"与"我们想要避免什么"是不同的问题。恐惧的力量趋向负面愿景，愿望的力量驱动正面愿景。恐惧可以在短期内实现非凡的变革，而愿望则可以持续不断地成为学习和成长的原动力。现实中，负面愿景比正面愿景更普遍，许多组织只有在遇到生存危机时，才能真正凝聚起来。教练的职责就是激发正面愿景，化解负面愿景。

总之，领导团队的要点在于通过赋能授权给予团队成员以快速成长和充分施展的机会；同时团队发展的过程领导者需要不断地感召和激励以吸引优秀的人才，提高团队的质量和整体水平；当然其中最基础的就是高效沟通，无论是情感交流、信息交换，还是达成共识、同享成果。

3.3 领导组织

领导组织就是通过组织实现团队的共同愿景。组织是由许多个体、团队和部门以达成共同目标的子系统组成。领导者需要发展在组织系统中促进工作任务完成的能力和视角。领导组织需要三个核心能力：战略思考、组织创新、梯队建设（图3－8）。

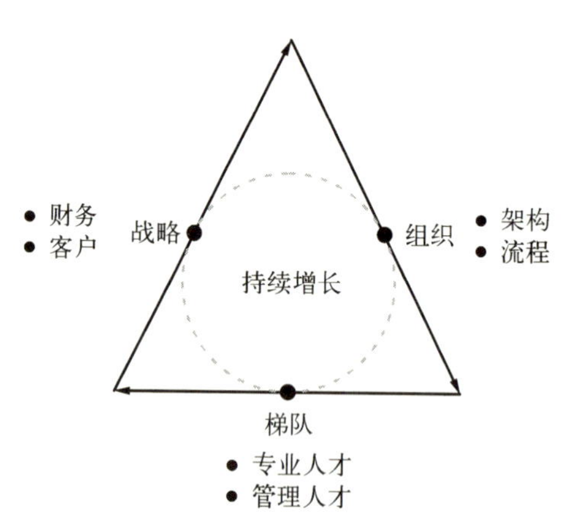

图3－8　领导组织三要素

作为教练式领导，正确的思考比正确的思想更重要，战略思考是指领导者的思考方式要基于战略，而不是只是看到眼前或局部，要从长期的、大局的角度来思考公司的财务和客户价值；组织创新是教练式领导者的核心能力，唯有持续的机制、文化的创新以及组织架构和流程的优化才能不断地挑战自我、挑战团队、挑战未来；梯队建设是组织可持续发展的重要保障，没有人才梯队，无论是专业人才还是管理人才，组织的成长和发展终究会昙花一现。

3.3.1　战略思考

每家公司的业绩都是能力和运气共同作用的结果。剔除运气，是什么在影响公司的长远业绩呢？通过以上图形（图3－8）的分析和深度观察，我发现思维差异远比行为差异更重要。是专业化还是多元化？是自身修炼还是四处并购？是大胆挺进还是稳健增长？战略决策的背后是战略思考能力。

战略性思考包括收集、解释、评估影响组织持久成功的信息及想法所必需的各种认知过程。这种能力是非常必要的，但事实上，今天的组织几乎都缺乏真正的战略思考者，很少有领导者真正展现了战略思考能力。组织今天的战略计划能力并没有比它们几年前好多少。

一、反思

虽然战略深受企业重视，但是今天的商业环境中，大量的战略失败并不是战略制定有问题，而是企业不能成功执行战略。

面对越来越不确定的外部环境，企业战略已经不单纯是做或不做之间的选择，而是做什么和做成什么之间的较量。换言之，优秀的企业不一定是它的战略规划完美，或者说战略设计领先，更多的是他们的战略思维更加深邃，战略执行更加到位。从领导者角度来说，前瞻性战略思维能力、纵观大局的决策能力、积极主动的执行能力才是决胜未来的关键因素。领导者需要关注的是如何将战略从规划到行动并产生成果，如何将分散的业务整合聚焦并落实到行动方面。

战略通常分为：公司层战略、事业层战略和职能层战略。

如果一个组织拥有一种以上的事业，那么它将需要一种公司层面战略。你需要回答的问题是：我们应当拥有什么样的事业组合？公司层战略应当决定每一种事业在组织中的地位。

事业层战略需要回答的问题是：在我们的每一项事业领域里，应当如何进行竞争？对于只经营一种事业的小企业，或是聚焦单一事业类型的大型组织，事业层战略与公司层战略是一回事。当一个组织从事多种不同的事业时，建立战略事业单元（SBU）更便于计划和管理。战略事业单元代表一种单一的事业或相关的事业组合，每一个战略事业单元应当有自己独特的使命和竞争者，这使得每一个战略事业单元有独立于其他事业单元的战略。

职能层战略需要回答的问题是：我们怎样支撑事业层战略？职能部门如研发、市场营销、人力资源和财务部门，应当与事业层战略保持一致。

让我们审视一下当下的企业，你就会发现大量的企业仍然在运用一些过于死板机械甚至过时的一些战略思考工具，如SWOT、投资组合分析、5力模型、3C架构等。他们取代了战略性思考的真正艺术。过于依赖工具几乎会让人迷失在工具的框架中，战略性思考的过程应该是一个深度反思、激烈碰撞的过程。事实上，为了帮助领导者在战略决策过程中将个人偏见、过时经验最小化，教练组织开始让其他人参与进来，帮助领导者制定战略决策。

战略的本质是创造有价值的增长，战略性思考是为未来的成功考虑和选择各种选项，而战略性行动是将战略性思考转化为行动优先性，也是资源需要投入的地方。在战略思考中，我们需要思考两个关键的问题：

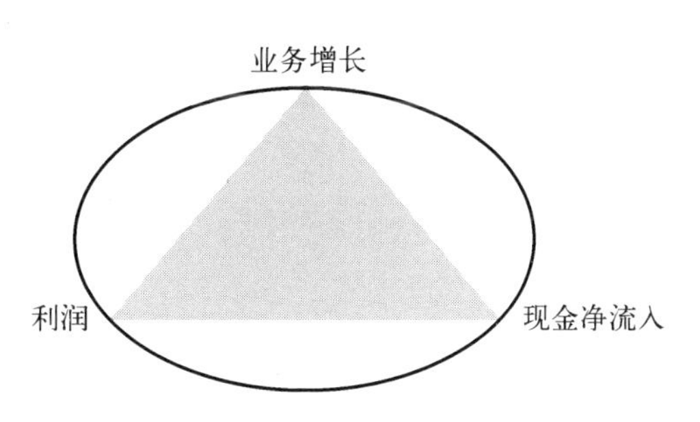

图3－9　战略思考“铁三角”

第一，如何平衡业务增长、利润和现金流三者之间的关系？(图3－9)

- 如何通过增加销量来增加利润而非简单缩减成本？
- 在提升品质和降低价格之间哪个优先？
- 如何既能提升品质又能增加利润？

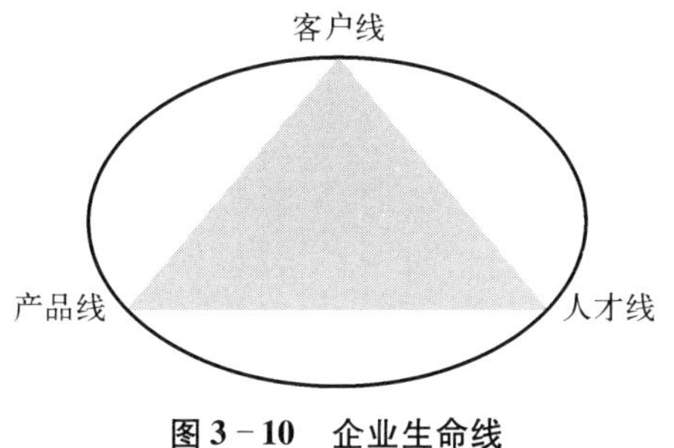

图3－10　企业生命线

第二，如何经营好企业的三条生命线：客户线、产品线和人才线？(图3－10)

- 客户是销售的目标还是战略合作伙伴？
- 如何丰富客户的体验而非简单地提供产品？
- 如何让“企业的寿命”大于“经营者的自然寿命”？

在思考第一个战略问题：如何平衡业务增长、利润和现金流三者之间的关系？我们首先需要关注的是业务增长，如果没有持续稳定的业务增长，意味着组织开始停滞，这样不仅影响企业在行业中的位置，而且还会导致人才流失。因此，战略思考的关键问题就是：如何发现机会以引导组织的业务持续增长？是降低价格以实现销量的增加，还是通过增加新客户、新产品、新市场以增加销量？在多年从事企业教练的过程中，我发现长远的战略无不是通过增加新的产品、新市场、新客户来获得增长，这样做刚开始会有挑战，因为会挑战领导者的舒适区，但一旦突破则会有长远的未来。但如果只是通过降低价格来增加销量，不仅会引发竞争对手的跟进，而且对组织效益损害很大。因此优秀的企业通常都是通过提高品质、产品创新、市场突破以实现业务增长，同时实现利润的增加和保持现金流的健康运营。

在近十年的企业“战略绩效工作坊”中，我发现在进行战略思考和战略规划最难是如何平衡这三者之间的关系。特别是短期和长期的平衡，通常为了业务增长，你需要进行长期的投资，比如研发投入、人才培养、基础建设等，但这些往往会带来现金流的压力，甚至还有利润的短期下降等。因此，很多保守的公司往往出现通过降低价格来增加销售额，或者忽略业务增长，一味通过降低成本来增加利润，或者为了发展新业务而抽空老业务的现金等这些顾此失彼的战略。短期来看，好像有些效果，但长期来看都是致命的问题。因此，如何进行深度的战略思考和规划，以动态平衡业务增长、利润和现金流三者之间关系就显得足够重要。

战略思考的第二个问题是：如何经营好企业的三条生命线：客户线、产品线和人才线？组织并非冰冷的机器而是有机的生命体，如何让“企业的寿命”大于“经营者的自然寿命”，领导者需要投入时间和金钱来经营企业的三条生命线，客户线、产品线和渠道线。

在这张图中，我第一次使用了“生命线”这个词，是因为很多领导者无法清晰地看到企业的本质。他们过于从“运营”的角度，而不是从“经营”的角度来思考战略。实际上，企业经营的本质就是经营客户、经营产品、经营人才，以及确保三者之间保持动态的平衡。每个客户都有从开始接触、了解、合作、满足、升华、持续的过程，每个客户都是有生命的，无论是直接消费者，还是渠道；其本质还是人，俗话说“找一个好的供应商比找一个好的产品更重要”。这就意味我们向客户提供的不只是产品而是全方位的服务和支持，这样才能实现帮助客户成长、进而共同成长的目标。同样，产品是有生命周期的，每个产品我们都不可以透支，在某个产品即将到达顶峰时期，一定要有相应的产品在培育，只有源源不断的创新和优化，才能满足客户日益增长的需求。最后，无论是客户开发和维护，产品的设计与创新都离不开优秀的人才。普通的企业只是关注目前的财务，而优秀的企业在经营未来的客户、产品和人才。领导者需要投入足够的时间、精力和金钱在客户、产品和人才的经营上。请问，你的时间和精力都用在哪里？

通过以上的分析，我们清楚地知道战略思考的起点是客户。如果你失去了现有客户，没有人会视而不见，大家都会想尽办法疯狂争夺客户。焦虑症成为企业家的流行病，尤其在移动互联网面前，所有的企业都成了老企业。传统企业在转型，互联网企业也在转型。但要注意的是，我们不能因为外部的现象而忽略了背后的原因，企业巨头在互联网时代的失败，其实并不是互联网的原因，根本原因是不管你走多远，不管你曾经规模有多大，如果忘记客户，就一定会失败。所以，失败的企业是被客户淘汰的，而不是被技术淘汰的。小米投资人曾说过：“但凡离消费者太远的行业都对互联网没有深刻理解。”由于离消费者太远，所以无法真正懂得用户，产品到达用户的成本很高。因此，影响企业持续成功的主要因素不是公司的策略目标、不是技术、不是资金，而是聚焦客户价值的力量。领导者必须专心致志于提升组织为客户创造价值的能力，根据客户的价值需要来发展策略，让客户价值成为企业产品的起点、企业服务的起点、企业策略的内在标准、企业行为的准则。

客户不是单纯交易的对象，客户是需要经营的，丢掉客户固然容易，但经营好客户却绝非易事。聚焦客户，意味着领导者对客户需求的敏锐洞察，特别是对客户隐形需求和深层渴望的识别，以及看似不相关需求之间的衔接。领导者必须深入市场，深入企业一线，了解市场上到底发生了什么，以及这些变化对企业到底意味着什么，企业自身的优势是什么。没有对自身优势的精准把握和识别，并且依据自身优势务实地设计产品和服务，将是非常危险的。

在经营客户的背后是产品的经营，没有持续的产品转型与升级，就无法满足客户的未来需求。

2012 年 1 月，随着柯达胶片申请破产保护，传统胶片影像时代宣告结束。而与柯达胶片竞争长达 70 年的富士胶片却神奇地逃出厄运，走出一条独特的转型之路，获得了巨大成功。柯达胶片曾经在 2003 年试图进行数字化的转型，也就是由传统的胶片业务进入到数字影像，包括数码相机业务。这一转型看似自然，实则不合逻辑，因为虽然同在影像领域，但是从传统的胶片影像进入到数字影像，是完全不同的技术和商业模式。

数字影像业务的佼佼者是电子领域里面的巨头，它们的竞争力强，反应灵活，而且技术变化快。同时，电子行业竞争激烈，利润微薄，对企业的运营效率有很高的要求。所有这些，都是柯达胶片进行转型尝试时面临的巨大挑战。这一切，也被准备转型的富士胶片看到了。他们并没有选择与柯达类似的道路，而是另辟蹊径，他们问了自己三个关键问题：哪里有市场前景？在那个市场前景中，富士胶片是否拥有足够竞争性的技术？是否具有可持续竞争力？正是基于对这三个问题的深入思考，他们发现富士胶片的优势在化学、光学、电子、软件和相关技术的研究。因此，他们进入医疗生命科学、印刷、高性能材料、文件处理等业务领域，进行了多元化的拓展，并迅速获得高价值定位，逐渐建立起了新的优势，而且这些领域的利润远远高于数字产品①。

聚焦客户的核心思想将企业的视线完全聚焦于客户需求、以客户的隐形需求为中心，将价值进行重组，以创造新的市场，从而避免激烈的市场竞争。聚焦客户价值最重要的就是充分运用价值曲线。所谓价值曲线就是客户所需要的某种产品或服务，包括有若干要素，而不同的客户对每个要素的需求程度是不同的，或者同一客户在不同的阶段对要素的需求也不相同。比如，同样是手机，大家的需求是不同的，有人喜欢大、有人喜欢小；同样是衣服，有人喜欢厚、有人喜欢薄。这样，对这些要素按照客户的需求进行打分，分值不同的要素连起来就创造出满足不同客户需求的产品或服务。

比如，一个法国人开了一家饭店，这个饭店够不上星级，但要比普通饭店好一些，饭店开张以后，一直经营得不好，换了几个经理都没有大的起色。后来一个叫艾柯的人来当经理。他首先把饭店给予住宿的客户的各个要素进行了量化，给每个要素打分，然后根据饭店所服务的对象（即目标客户）的要求，有的要素分值升高，有的要素分值降低，这样，并减少

① 郑峻：《柯达与富士：胶片双雄的冰火两重天》，新浪科技，2012 年 1 月 19 日。

不必要的（低分值要素）投资，增加必要的（高分值要素）的投资。于是，原来都是4—5分的餐饮设施、建筑美感、通道、房间大小、接待员可得性、家具的愉悦感等6项的投入降了下来，原来不足4分的床铺质量、卫生状况、房间安静程度等3项都达到5分以上。这样做下来，使饭店一举扭亏为盈。①

聚焦客户，以客户为中心，不仅包括前瞻性的思考，还包括公司的资源配置，包括人、财、物、信息等都需要站在客户的角色进行匹配。一个无法忽略的问题是，互联网时代的快速变化，已使许多在过去有效的思维、经验日渐变得不再适用。比如一些日资企业过于关注内部的TPS，而导致企业忽略潜力巨大的成长机会，以及进行大规模变革的必要性。

只有那些有勇气的领导者才能主动放下原有的优势，从零开始，调整业务结构，敏锐捕捉那些似乎与自身毫无相关的发展趋势。比如，我所辅导的一家传统纺织服装公司，它的领导人在面对服装行业资金链紧张和附加值趋于为零的情况下，果断出击新的领域，将自身的业务调整为汽车和医疗面料，同时进军B2C市场，采用互联网+的模式直接面对消费者，为消费者进行定制。

为了及早地察觉潜在的威胁，发现潜在的机会，领导者必须“抽离”，即“跳出企业看行业”，从外部环境出发来增加自己的敏感性；同时，必须学会突破短期业绩的限制，放眼长远，想象10年、20年后市场发展的状况。所有的战略都是面向未来的，对企业来说，它是在过去的确定性和未来的不确定性之间寻求平衡的艺术，更是客户、产品和人才之间内在关

① 管益忻：《核心竞争力》，中国财政经济出版社2002年版，第111页。

系经营的艺术。

二、践行

战略思考的核心在于行动，无法行动的思考无异于纸上谈兵。优秀的组织无不重视战略行动的速度和力度。马云说，如果在“一流的创意 + 三流的执行”与“三流的创意 + 一流的执行”之间做选择，他宁愿选择后者。同样，Facebook 的信条是破除陈规、快速行动，坚信比完美更重要的是完成。

商业实践中，对大量企业来说，错过战略行动的情况比比皆是，而“觉悟早，行动迟”更是司空见惯。比如一家大型医药流通公司，在2005 年就说要帮助下游医药公司“配齐”客户需要的产品。但一晃十年过去了，到 2014 年的战略研讨会，发现客户真正需要的产品，他们的满足率只能达到 20%，也就是说 80% 的产品无法满足客户的需求。直到2015 年的年度战略会议上，经过教练的深度对话才发现，不是不知道“开发新品种”的战略，而是从 CEO、总经理到采购总监和销售总监都在忙于应付眼前的事情，却没有人关注战略，或者把“开发新品种、培养人才”的战略行动寄托在他人身上，结果是无人负责，错过了重要的发展机遇。

通常，老板都会把战略行动寄托在总经理身上，希望新任的总经理能有所作为，甚至如果没有达到公司的战略目标就不断换人。但事实上，能达到公司战略目标的总经理少之又少，大部分总经理都带有原来经理人或总监的成长烙印——过多的内部思维和运营思维，对于向外开拓、人才引进、新品开发等战略行动几乎视而不见。可以说，升任总经理是战略领导力方面最艰难的转型。今天的企业界，总经理很多，而真正胜任的总经理却很少。这也是为什么那么多的战略目标无法实现的重要原因。

提升领导者的战略思考和行动能力，可以通过基于现实的定期深度对话、挑战现状、聚焦战略、达成共识等方式。特别是小范围的年度战略主题工作坊和基于行动的季度战略绩效跟进工作坊的结合。

教练与管理不同，基于管理的分析更多关注结果，而教练更加关注行动和基于行动的对话。比如，教练会问：这个季度做了什么？做得怎样？其中哪些与公司战略相关？哪些行动是有效的？接下来打算怎么做？其中最大的不同是什么？通过深度对话，教练挑战领导者，让他突破眼前利益，走出自己的舒适区，主动采取一系列的战略行动：与自己不熟悉的行业专家建立关系，轮岗到组织不熟悉的部门，领导一个跨部门的项目团队，领导一个战略性的项目，管理一个独立的企业并对盈亏负责等。最终目标就是提供一系列越来越复杂的挑战性的任务，帮助领导者通过行动后反思，从中学习并将经验教训运用到下一个挑战中。

战略行动对话就是反思自己的关注点，反思你的想法和行动的差距。基础的战略行动的关键问题有：

- 目前的情况怎么样？
- 有什么在限制你？
- 如果没有这个限制，你会怎么做？
- 你自己真正需要突破的是什么？
- 你还有什么优势没有发挥？
- 如何革命性调整成本结构？
- 如何把知识转化为行动？

有一个公司的总经理在经过战略行动对话后，写下了如下文字：

通过学习，我们知道从平衡计分卡的角度，企业战略有四个重要的部分：财务方面如何令股东满意？市场方面如果令客户满意？运营方面如何同时兼顾股东和客户？学习与成长方面如何持续创新从而提高生产力？过去的战略行动中，我们走过一段时间的弯路，认为学习了以后就能直接改善财务指标，这也许正是许多人一直想找一个高手老师学习的原因，这样最轻松。但这样的结果是，学的越来越多，但做事与解决问题的能力反而越来越弱。通过战略行动对话我突然意识到，学习不一定成长，唯有通过行动才能成长，学习与成长的目的是持续改善我们的运营，令组织的运营更加高效卓越，令客户对我们更满意，令财务更健康，股东更满意！这样才是真正的组织学习。

可以看到，对话是指对与战略绩效的负责人及相关人员进行定期的系统性的跟进和教练，通过对话几乎每个领导者的战略思考和战略行动能力都可以获得良好的发展。其中，最重要的是获得高层管理者的承诺和参与，比如通用电气的CEO杰夫·伊梅尔特把30%—40%的时间用在了对下属战略绩效的跟进和教练上，其目的是帮助领导者聚焦行动而不只是思考。跟进对话对行动有着积极的影响，跟进使人们知道努力程度，激发人们的持续动力，了解行动的结果。

三、突破

领导者每天都在行动，但并非所有行动在本质上都是战略性行动。实际上很多行动都是基本行动，或者说日常行动，比如做表格、汇报、开会、写总结或维持已有业务等。但这些行动并不直接带来增长，真正有效的战略行动是指能带来有价值的增长，比如新产品开发、新市场开拓、新领域进入、新技术应用、新的管理机制等，我们可以称为“X 行动”。

寻找突破必须采取特殊行动，并以此区别于现有的常规行动。人们通常很难同时采取战略行动和基本行动，因为维护当前业务是领导者及其团队的主要任务，他们没有多少时间和精力去做未来增长的新业务。比如 1952 年通用电气公司进行大规模重组，随后成为世界各地大型企业进行组织变革的样板，但由于没有理解战略需要采取战略性行动（X 行动）的重要性一直未见成效。直到十年后，通用电气公司才从挫败中得到正确的结论，把战略行动放在现有的产品部门和分公司之外，纳入独立的“战略业务开发”单元。多年的教练经验让我对此深信不疑，基于未来的战略行动是一件重大而艰巨的任务，不能因为担心今天而分散精力。现在和未来同样重要，但它们是不同的，战略行动必须采取特殊行动。

在战略行动中，领导者通过角色转化和结构调整的方式来实现战略突破。实际工作中我们通常会采取三种常见的战略突破：第一，当需要突破某个业务单元的瓶颈或进入新的业务单元时，可以考虑采取以地区、产品、技术、客户类型进行细分的“新事业部 + 教练”的模式。第二，当需要充分发挥横向部门的协同效应，通过不同部门的成员组建跨部门团队来实现挑战性的战略目标时，可以选择“项目小组 + 教练”的模式；第三，在每个事业部内部为了提高战略行动的效率，同时划小核算单元，可以采取“特别行动小组 + 教练”的模式。

“事业部 + 教练”。比如，一个传统的模具制造业，其总裁在三年的时间内，通过把原来集权管控的结构转型为分权的事业部，结合教练的“1 + 4”机制，其中“1”就是每年 1 次年度战略回顾和 3 年的滚动战略制定；“4”就是一年 4 个季度的战略绩效跟进，包括目标、预算和行动等一系列的回顾和挑战。通过事业部的建立不仅成功地培养事业部总经理的战略领导力，自己也在这个过程中华丽转身，从角色不清的多角色混合状态成功地回归到集团 CEO 的角色，自己的视野、能力得到了极大的锻炼。

“项目组 + 教练”。比如，一个汽车行业的中外合资企业，中方总经理经过学习，发现今天的客户需求已经发生了根本的变化，单纯地靠卖产品已经不足以产生竞争力，客户需要的是前、中、后的技术增值服务。而在快速发展的汽车行业每个人的知识结构都是有限的，那如何通过有限的个人知识来服务客户深度的隐性需求呢？这位总经理经过深度对话后，大胆使用“项目化 + 教练”的机制。也就是一方面把组织结构开始调整为以客户为中心，设定数个项目组，跨部门整合资源，同时为每个项目组配以教练，教练通过定期的对话机制不仅关注项目的进度，更关注其中人的成长。这样不到一年的时间，企业的新品开发、新市场拓展、老客户的服务质量等战略性的绩效指标得到极大的改善，其本人也因此更具战略视野。

“小组 + 教练”。2008 年韩都衣舍的创始人赵迎光用 7 000 元开始了自己的创业之路，到 2014 年年底，营业额做到了 15 亿元。其中最关键的是韩都衣舍在经营过程中找到了一套成功的发展模式，这便是“小组 + 教练”的模式。这一模式将传统的直线职能制打散重组，即从设计师部、商品页面团队及对接生产、管理订单部门中，各抽出 1 个人，3 个人组成一个小组，每个小组要对一款衣服的设计、营销、销售承担责任，相应的，小组提成也会根据毛利率、资金周转率计算。到 2015 年年初，全公司有近 300 个小组，在线正式运营的子品牌已有 16 个，加上正式立项的共 22 个，全公司每年推出 3 万款新品，平均在每个工作日会推出 100 多款新品。公司把组织结构分为三条主线：其一，按照规模和成长性划分，集团总经办下设两个组，品牌规划组和运营管理组。品牌规划组的定位是从“0”到“1”，包括前期的市场调研、商标注册、知识产权保护等，过了1 000万元，运营管理组负责从“1”到“N”，把整个品牌做大。其二，按照功能和合伙人的注意力划分，分成产品系和营销系。每个子品牌也是由这两个部门组成，标配15人，10个人做产品，5个人做营销，即产品团队加营销团队，光有产品没有用，对于子品牌的建立，营销能力很关键。其三，由企划部提供专业支持。韩都衣舍的企划部将近100人，相对其2 600人的员工总数，这一比例是很高的。企业部负责制定详细的企划案，以此把握品牌和品类的产品结构和销售节奏，为品牌规划组和运营组提供专业建议。从中可以看出，韩都衣舍充分运用两套并行不悖的关系，一是自下而上人人创新的“小组制”，二是自上而下的专业支持“教练”，两者相辅相成。

在战略行动中，三种模式相互组合才能发挥最大作用。例如，事业部机制采取结果输出标准化，但在具体执行过程中，也可以充分运用项目制和小组制。其实，无论采取何种方式，最重要的是，通过项目或小组发展团队优势的同时通过教练提高战略行动的进度和力度。

我在给一家汽车材料内饰集团公司做战略行动辅导时，发现采购部经理的绩效目标完成中遇到很大挑战，由于汽车行业每年的年降（每年都会要求供应商降价，降价幅度通常是5%—7%），为了配合客户和公司的要求采购部经理已经黔驴技穷，几乎所有自己知道的办法都已经用过了。过去总经理遇到这个问题，一般都是用高压的办法，责令对方限期完成，不行就换人，其他部门也是各扫门前雪，互不买账，结果采购目标连年无法实现。经过教练，这位总经理开始尝试采取新的行动，首先把采购部需要降低成本的目标按照供应商和材料进行分解，比如（供应商×××的所提供的原材料×），通过头脑风暴找出其中最有潜力降低的地方，然后发动所有相关部门进行认领，比如总经理、项目开发部经理、设计部负责人等，通过项目化和小组制的办法联合采取行动，结果这个多年没有解决的问题迎刃而解。以下是当时采购部原材料降低成本的行动计划表（表3－3）。

表3－3　采购部材料成本降低行动计划表

供应商名称	原材料/辅料	降本目标（G）	负责人（R）	签字人（A）	支持人（S）	告知（I）	教练（C）
XXX	XX	－10%	A	B	C、D	E、F	G
YYY							
ZZZ							

通过以上分析，我们可以发现，每个部门针对一些战略性的目标和行动计划都开会借助以上的表格，比如新客户开发、新产品开发、新市场开发等都可以运用项目化的联合行动。因此，战略思考在于从不同的角度、广度、深度来反思组织的战略，从而做出正确的选择；而战略行动则通过持续的对话和采取特殊行动，来确保战略被正确的执行。需要说明的是，战略行动与日常的管理行动需要配以不同的机制和支持，比如由于战略行动的结果长时间都不大可能看清楚，因此最好采取“底薪＋股份或特别奖”的形式给予丰厚的奖励，直至实现结果，这样的补偿办法使得公司与战略行动的领导者之间形成“伙伴关系”，缓解了在公司结构内设立独立创新组织带来的摩擦。

当然，也不是一定要靠股份，比如我们在辅导企业时曾尝试采用项目合作的办法，比如项目团队采取战略行动所带来的成果与公司共享，甚至项目团队拿“大头”，比如降低的成本、新项目带来的利润，项目团队分享60%，公司分享40%，而且项目团队还有机会优先继续待在自己创建的项目团队中持续发展，所得的薪资与他一手建立的业务的规模和绩效相称，还能得到客观的奖金公司。

事实上，上述三种战略行动已经涉及组织结构的局部调整。对于真正重大的战略变革，组织创新是极其关键的一步。

3.3.2 组织创新

领导组织就是通过组织来实现团队的共同愿景。以技术革新为代表的新经济形态催生了动荡不安、变化莫测的市场环境。如何适应高度不确定的商业环境？这是所有企业必须直面的时代命题。互联网企业的玩法，从商业模式到组织形式，从战略路径到团队建设，颠覆了传统企业的很多做法。

在新的环境下，企业需要新的管理形式，人和组织的关系必须得到彻底的思考和重构。一言以蔽之，企业迫切需要组织创新。教练管理基于管理者角色的变化，从领导者转化为教练，所以更导向组织创新从传统的职能型到水平的流程型，甚至网络型。如图 3 - 11 所示，职能导向侧重于对管理和控制，关注部门的职能完成程度和垂直的管理控制，部门之间的职能行为往往缺少完整有机的联系。而流程导向侧重的是目标和时间，是以顾客、市场需求为导向，将企业的行为视为一个总流程上的流程集合，对这个集合进行管理和控制，强调全过程的协调和目标化。

在海尔，实施流程导向中全流程的绩效表现，取代个别部门或个别活

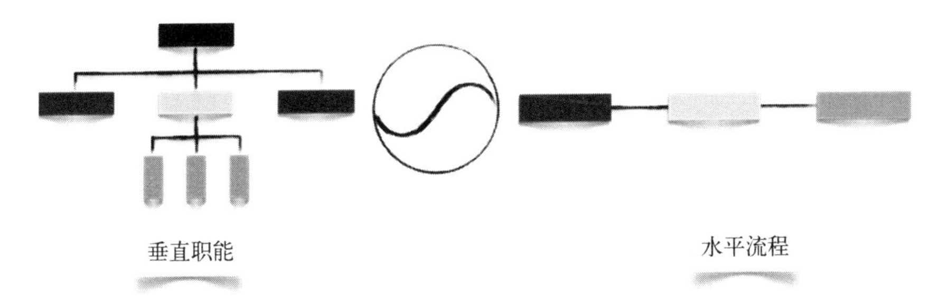

图 3－11 组织创新之职能和流程

动的绩效。员工由被管理对象变成经营者，每一名员工都被称为“经理”，如配料经理、发货经理、客户经理、产品经理，每个经理自主经营、自负盈亏。过去，设计人员把产品设计出来，就算完成任务，就可以拿工资奖金。但现在不行了，必须让产品在市场上销售、获得利润，才能证明这个产品有价值，设计人员才能有收益。

海尔的组织创新体现了互联网时代的组织新趋势：由垂直到水平，由封闭到协作，由内部到外部。这种变化取决于组织系统的两个基本支撑：刚性架构与柔性要素。

一、架构

组织创新的第一步是组织的结构和框架的变化。组织架构的设计，就是要从根本上改变管理工作的方式，是一种显著地改变面向客户和面向员工的组织形式，并最终实现组织战略目标的手段。

“组织架构的设计与创新始于组织的关键活动。”① 不是所有的活动都需要安置在组织架构中。

组织架构的设计始于以下的问题：

① 彼得·德鲁克：《人与绩效》，机械工业出版社 2015 年版，第 190 页。

- 为了达成组织的目标，我们需要做哪些关键活动？
- 我们需要在哪些领域精益求精？
- 哪些领域缺乏绩效就会危害企业的结果甚至生存？
- 为了实现战略增长，我们需要在什么领域获得成功？
- 什么样的活动应该放在一起？什么样的活动应该分开？
- 针对员工、客户和合作伙伴分别有什么活动？
- 这些活动之间如何连接？

对这些问题的回答，将确定企业的关键活动，决定组织的哪个部分是核心结构，而其他部分不管有多重要，都属于次要地位。优秀的企业都会把关键活动设计为核心元素。一旦关键活动确认下来，其余部分的安排则水到渠成。

如果是正在运营的企业，更需要进行关键活动分析。通常，经过一段时间的运营，一些重要活动可能会被忽略，或者一些原来重要的活动变得不再重要，这就需要根据目标及时调整。这样的情况，经常发生于企业的快速成长期。

在现实中，很多企业的发展瓶颈，并非来自战略失误或人才缺失，而是组织架构无法适应战略需要。企业的组织架构发展，很像搭建房屋。刚开始时是一栋简陋的草棚，只有一间屋子，什么功能都在这间屋子里进行，经过多年发展，它在这儿搭建来一栋小楼，在那儿又起了一层阁楼，最后变成一栋足有18个房间的畸形怪物。最终，“怪物架构”毁掉了所有的战略目标。

有一家传统的服装公司，几乎长达20年的时间，外部的环境和客户需求都早已发生变化，但企业的业务模式和组织架构却几乎没有任何调整，仍然以传统的金字塔科层组织结构，以产品为中心的业务模式，直到2008年金融危机，出口业务的下降导致企业一落千丈。总经理也无法弄清楚到底发生了什么？

这家公司的总经理告诉我："不是我们不能满足客户的要求，而是客户不能满足我们的要求，这么多年过去了，客户给我们的价格不仅没有增加，反而还有下降的趋势，而我们的成本在逐年增加，无论是原材料、土地、劳动力、税收、环保等，导致我们根本无法满足客户的需求，于是原来好的客户逐渐变成了差的客户，而我们一点都没有意识到，我们还在不断地抱怨客户太挑剔了。虽然销售人员还在尽力讨好客户，但公司的组织能力却无能为力，结果导致客户流失。今天通过深度反思，我明白外包并没有从根本上提升组织的能力，只是把成本转移给了他人。而且，我们在报价的时候由于是成本导向，没有客户价值导向，结果把本不应该让客户承担的成本也都计算在内，结果导致我们在竞争的时候，毫无竞争力可言。此外，由于我们的研发和开发能力弱，我们的品质一直不稳定，返工返修导致成本再次增加。过去，我总是认为是员工的态度问题，能力问题，达不到客户的需求，今天我清晰地看到是我们整个组织的能力问题，我们只是关注业务，关注利润，而没有关注组织的创新和发展，忽略了员工的感受。过去由于我的压力大，在开会的时候，员工都不敢讲出内心的声音，以至于压力还是在我自己身上，无法焕发整个团队的力量。"

上述状况，可以在很多企业家和领导者身上看到，他们几乎没有组织的意识。组织架构意味着目标的完成，不是通过个人完成，而是通过组织（架构和流程）完成。创业初期，创业者卖出一件产品或签了一份合同，财务上马上就有体现，目标单一，任务简单，人员很少，不需要什么组织架构。但随着企业的发展和扩张，战略发生变化，目标变得多元，任务愈加复杂，员工大量增加，组织架构就变得极其重要。如果组织架构缺乏开放性和成长性，无法随着环境和客户需求的变化而进化，企业就会很快僵化和老化。

组织架构需要随着外部环境的变化、企业战略的调整、企业文化的不同、企业生命阶段而进行动态的调整。特别是对权力的分配、部门的结构、活动组织方式、领导者所扮演的角色、目标设定的方式、战略关注点、会议召集等进行深度的对话和规划。以下是教练管理在组织架构设计与传统管理组织架构设计理念的变化（表3－4）。

表3－4　组织架构设计理念对比表

	传统管理	教练管理
权力分配	集权	分权
部门结构	职能	事业部＋职能
组织方式	部门化	项目化
领导者角色	管理者	领导＋教练
目标设定	自上而下	双向互动
关注点	目标	绩效＋人才
会议召集	上层	所有岗位

与传统理念相比，教练管理有三个层次的深刻变化：在人与公司的维度中，更强调人的自主性和创造力；在个体与他人的关系中，更强调团体

的共同成长；在管理者和员工的关系中，更强调员工的发展。在教练眼中，组织架构成功与否的标志，就在于能够解放员工的生产力和创造力。

二、决策

组织架构确立了正式的体系，如同身体的骨骼形成以后，接下来就必须填充血肉了。组织的“血肉”包含两个核心部分：决策分析和关系创新。

为此，在年度和季度的战略绩效工作坊中，我总是不遗余力地推动组织中的两大转变：一是权力分配，即哪些问题需要决策，由谁决策，依据什么决策以及该在哪儿决策；也即为了实现战略目标需要什么样的决策？它们分别是什么样的决策？它们应该由什么样的组织级别做出？它们涉及了什么样的活动？为此，哪些管理者必须参与到决策当中或者至少需要事先沟通？哪些管理者必须在事后告知？二是资源配置，即人才、业务以及资金需求。通常，我们会使用战略地图与预算制度相结合的方式，来确保企业资源聚焦在成长潜力巨大的新兴市场；再用绩效对话的方式帮助事业部负责人提升应对能力和聚焦工作重点。

尽管决策的内容无法预见，“但决策的类型和主题是可以预见的”。只要提前做好决策划分，管理者90%的决策活动就会自动进入分类体系，只有少数情况必须追问：这个决策属于什么地方？在实践中，大量企业的决策活动都很混乱，不论是流程还是人员，极为无序，不仅浪费了资源，效率低下，也容易导致冲突和矛盾①。

在定期的工作坊中，领导者会逐步确定企业决策的未来方向：公司会

① 拉姆·查兰：《引领转型》，机械工业出版社2014年版，第268页。

在多长时间内遵循这个决策？这个决策的影响程度有多大？决策出现的频率（定期、很少还是只出现一次）？重要的决策岗位需要什么样的能力和技巧？决策应该尽量交由贴近现场的层级决定；同时，也应当在一个能充分考虑所有受影响活动和目标的层级上做出。为了达到这种平衡，我们可以通过战略绩效工作坊等类似的会议来提高各层领导者决策的能力。

在战略绩效工作坊中，组织架构的调整、关键岗位的人事变更、决策机制的调整、预算及资金配置的优化、关键业绩指标的制定等，都能同步进行。在战略绩效的讨论中，事业部和职能部的负责人需要回答以下问题：

- 管理会议机制如何推动公司转型？
- 预算分配机制如何与战略重点相匹配？
- 决策机制是否科学合理？
- 绩效考核与激励机制是否与战略转型一致？
- 关键岗位人员之间的沟通机制如何制定？

其中，管理会议机制是指哪些会议需要定期召开以及召开的内容和形式等，教练管理的会议通常包括：业务和职能部门每月一次的部门工作总结会，每个季度一次的公司战略绩效跟进工作坊，以及每年一次的战略回顾、预算确定、绩效考核以及合规考评等重要主题工作坊。通过对这些主题的深度思考和对话，找到最佳行动方案。

多数管理会议都有一个通病，即2—3小时的会议，有2小时40分钟用于汇报，最后20分钟进行讨论。这种模式极大地限制了组织的创新和变革，我在多家企业的季度会议上，把这种形式彻底调整过来，把汇报的时间大幅缩短，如15分钟完成，而且在汇报的第一页上就必须显著的列出本次会上需要讨论的重要议题，留下更多的时间用来对话，以激发参与感，寻找方案。

另外，会议的主题选择也是关键点。很多公司都不重视会前准备，只是把人召集过来，到了会场才开始拍脑袋决定谈话的主题，效率很低。公司领导者事前决定好下次会议的主题，并让相关人员做好充分的准备，确保讨论的议题必须基于未来、基于战略而不是基于过去发生的事情，我们要清楚区分是分析问题还是解决问题，解决问题意味着与战略执行直接相关。

同时，参加人员需要特别关注新的增长点。要多邀请来自潜力巨大的新兴市场的管理人员参加战略工作坊。当下市场竞争日趋激烈、客户的需求也总是处于快速变化之中，利润空间不断受到多方挤压，稍有懈怠，企业就可能一败涂地。因此，在战略绩效工作坊中，领导者需要密切关注组织外部环境、组织自身以及客户状况。每个高管都需要积极分享各自所在地区或所在部门的各种相关信息，各抒己见、畅所欲言。在充分讨论的基础上，就公司关键议题形成决策，如应当重点发展哪项技术，在哪里生产哪些产品，在不同地区如何定价，各地区或各事业部如何制定目标和分配资源等。

通过定期的战略绩效会议机制，可以深入观察领导者和管理团队。可以清楚地看到某个事业部或职能团队在战略方向、业绩目标以及工作重点等方面是否达成了真正的共识。与此同时，你还能加深对管理层的了解，作出正确判断：哪些人有领导力，哪些是趋于保守，哪些人无法及时调整工作重点等。通过观察和深度对话，还会发现绩效的达成，哪些人从中起了积极的作用，哪些人反而在起阻碍作用。特别是领导者，在了解各个公司或部门的真实情况后，就能从对方的角度思考公司的战略布局了。

在组织创新方面，绩效工作坊之所以有效，是因为这种定期见面的机制把遍及各地的高管有机地组织起来，通过积极沟通、彼此分享、调整思路，最终统一行动。而且在每次年度或季度绩效会议上，教练都会及时给领导者做出具体反馈。“当局者迷，旁观者清”，教练的直接反馈对领导的思维调整和行为改变有着巨大的影响，而且还有助于他们接受，从而推动资源和权力的不断转移。不管是总结要点、表扬优点、鼓励进步还是挑战难点，教练都会开诚布公，干净直接。这样不但推动思想碰撞，而且还能建立牢固的情感联系。

三、关系

卓越的组织都将为广泛人群谋取价值作为最大的动力。如，Google 公司的使命是“集成全球范围的信息，使每个人都可以访问并从中受益”；阿里巴巴的理念是“为 1 000 万企业生存、为全世界 1 亿人创造就业机会、为 10 亿人提供网上消费平台”；腾讯的使命是“通过互联网服务提升人类生活品质”。

实现公司使命，创造出真正价值，取决于组织架构、决策机制和企业中人们之间的关系。其中，最关键的是关系的牢固度和活力度。这种关系不仅包括人们之间的情感关系、利益关系，还包括人们之间的沟通方式等。在辅导中，当我问及领导者与其他人员的关系时，我发现大部分的领导者是顾此失彼，通常对下关系好的人，对上关系比较紧张；而对外关系好的人，对内的关系充满挑战；关系中的不平衡比比皆是。不平衡的关系状态极大地影响了管理者和员工的能力发挥，挫伤了他们工作的意愿和成长的动力。最糟糕的是，这种状态会以企业文化的形式——一种不信任的、僵化的、毫无生机的组织氛围——延续下去。

优秀的企业都是活力四射的创新组织，比如，Apple 的创新指数全球第一；Facebook 每隔几个月都会举行一次黑客创新大赛；百度推崇问题驱动、创新求变的文化。这些顶尖的互联网公司无不想尽办法，为员工及其关系创造出舒适自由的组织环境。在 Google 美国总部，员工没有专门制服，他们爱穿什么就穿什么。公司里拥有美容院、高尔夫球场、游乐园、游泳池……员工甚至可以带着自己的宠物来上班。这里没有一般企业的繁文缛节，处处体现以人为本的管理理念，谷歌公司的一名代表坦言："我们没有正式的公司文化，因为这样比较容易激发创意和灵感。"①

在高度互联的时代，人们的联系变得比过去更加紧密，信息的交流变得异常通畅，人人期望创新，可以创新，企业理应顺从这一大势，成为创新型组织。然而，反观现实的企业实践，不是会议太多，就是管理层级太多。每增加一级，都让共同方向、共同理解变得更加困难；每增加一次会议，都容易扭曲目标、误导关注、信息失真。过多的层级阻断了人员晋升、提高了沟通成本，人们不愿意互动，拒绝共享和对话，从而遏制了创新冲动和能力提升。

要打造一个创新组织或者推动组织的创新，领导者需要反思组织中人们之间的关系、组织架构和决策机制。比如，为了快速响应客户的需求和外界的变化，并为长期的发展不断提高自身能力，公司总部必须充分授权，让事业部负责人、项目部负责人，还有负责具体地区市场的一线经理

---

① 弗朗西斯·赫塞尔本：《未来的组织—全新管理时代的愿景与战略》，中信出版社 2012 年版，第 210 页。

人有足够的权力、必要的资源，可以自主决策、及时行动，不因等待总部的批准而错失良机。

最理想的状况是，不用开会，组织也能运作良好。因此，组织创新的一个基本原则就是管理层级尽量少，命令链条尽量短。其重要特点就是扁平化、去权威化、去中心化和平等参与（图3－12）。

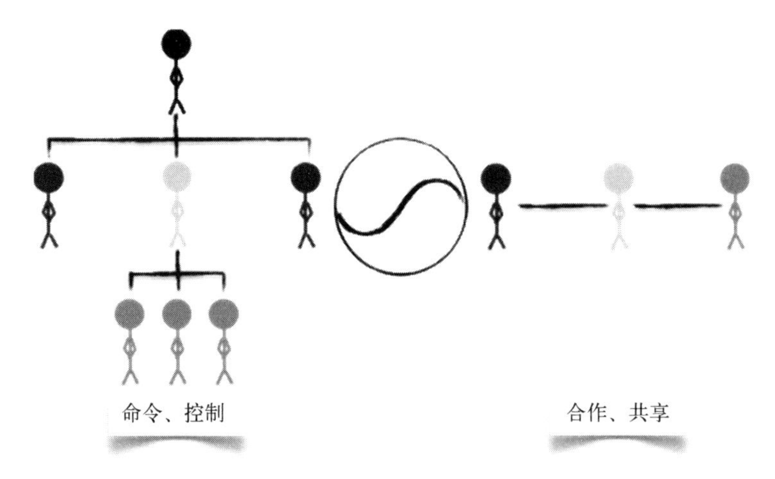

图3－12　组织关系的发展趋势

事实上，要达成上述目标并不容易。除了管理方式的改变，一个通用而高效的方式是应用企业级的互联网管理工具。例如，大量的企业APP提供了强大的通讯功能、办公功能和分享功能。互联工具的使用，可以让企业立刻获得两方面的提升：其一，可以将所有部门、所有人员，甚至客户之间建立起通讯上的连接，让企业的随时随地沟通具备了现实的可能性；其二，任何沟通的内容都将以数据的形式沉淀下来，成为企业决策的宝贵资源。

在此基础上，企业可以充分发挥组织内外人员的智慧，发挥群体的参与力量，不仅使企业获得更多的智慧和洞见，更重要的是，将获得参与者的承诺和执行的热情。

总之，组织创新的方向就是快速反应系统，通过组织架构、决策、机制、文化、理念等创新来达到快速响应客户的需求。

3.3.3　梯队建设

企业之间的竞争归根结底必将是人才的竞争，而人才竞争的背后又必将是人才培养的竞争，成功的组织都必将是教练型组织。教练型组织不仅具备足够强大的学习能力，更重要的是具备完善的人才培养体系，每个领导者都是教练，他们不仅是学习者、实践者，更是教练。教练不是传统的“我说你做”的单向教育、指导、灌输；而是双向互动、深度对话，每个人都在学习，每个人也在教练，这种互动不仅促进知识的传播，而且让人才培养这件看似挑战性的任务融入日常工作。

每个人相当于组织中的细胞，而领导者则是细胞核，领导者学习和教练的水平直接影响着组织的成败。初始能力相当的两个团队，其最终区别就在领导的发展水平，此所谓“成也领导，败也领导”！

出于组织可持续发展的需求，教练型组织致力于建立领导者梯队培养系统。教练型组织的制胜法宝就是在各个层级都有合适的领导者，以及组织把培养未来领导者作为工作的重中之重。高层领导者带头在教练上投入大量的时间和精力，并且鼓励公司的其他领导也这样做。它渗透到培养领导者的方方面面，如提高每个人胜任目前岗位的能力，提高领导者领导团队的能力，拓展潜在人才的其他能力，使其能够胜任更高的职位等。

在梯队建设中，卓越的领导者都是优秀的教练，成功的组织都奖励教练行为。此外，成功的组织被设计成教练型组织，其中，业务流程、组织架构以及日常运作机制的构建都在促进教练行为。在建立领导者培养系统的过程中，教练定期回顾以下问题：

- 我所在的团队，有多少领导者达到绩效标准？
- 当前的领导者需要在哪些方面提升绩效？
- 哪些人是关键领导职位的继任者？
- 在战略行动中，哪些领导能力最为重要？
- 成功执行战略，需要哪些组织价值观和信念？

通过基于领导者培养的定期回顾，你会发现领导者培养与战略绩效、组织创新紧密相连，并且从中产生领导者培养系统的目标。比如安利（中国）培训中心在2007年启动选修课，主要是针对公司营销人员的一线主管（高级主任以上的领导人）进行始终如一的世界级的领导者培养，之所以这么做是因为这个群体数量庞大，地域分散的领导者对于培训和辅导一线营销人员的能力和绩效至关重要。

在这种不断变化的“移动互联”时代，“人才”已经成为企业最值得投资的“增值资产”。为了能持续为客户创造新价值，团队成员必须不断进步，但单纯基于在线学习或者常常把他们送出去培训毕竟不是个办法。因此，这种基于工作中学习和持续的教练关系将成为未来人才培养的必然选择。它包括三个部分：学、做、教（图3－13）。

一、学

学习与成长、会学才会长！会学不只是喜欢学习，而且善于把工作中的体会、经验进行合理的归纳、高效的总结和模块化的提炼。学习与成长，意味着你并非单纯的上课或知识学习，而是在工作中学习，边学边做，边做边学。不仅要做，还要随时随地随机和教练互动，通过和教练一

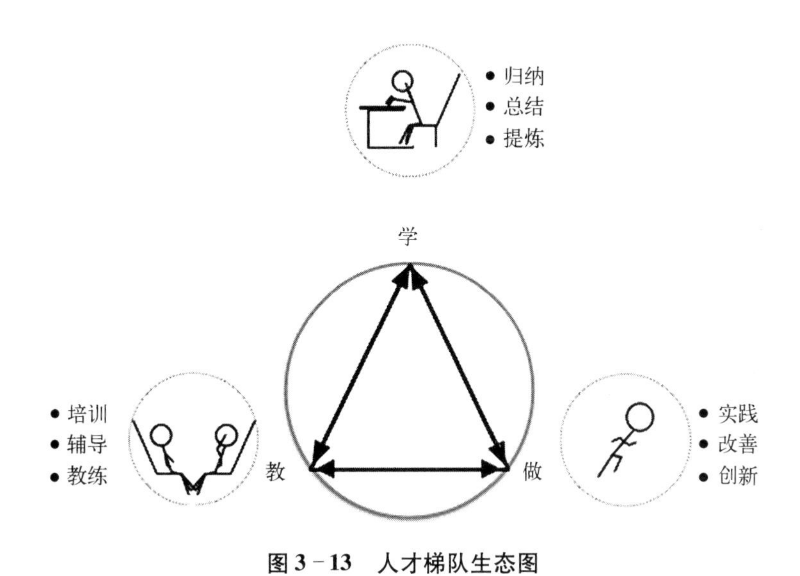

图 3－13 人才梯队生态图

起做或者定期主动与教练互动而持续提升。特别是当你作为教练开始支持和领导他人的时候，你就开始真正的成长与适应；因为作为教练你不可能让所有人来适应你，你需要以他人为中心，与各种不同的人相处，发挥各种不同人的优势，营造更多令员工自我提升的氛围。比如在工作场合，员工经常通过观察上级主管的工作方式进行学习，当他观察上级主管如何处理棘手问题时，自己可以思考一旦未来自己遇到类似的状况该如何应对。有学员告诉我，当他看到自己的上司对某个事件处置不当而导致糟糕的结果时，便下决心自己以后绝不会这样做。

谁该对学习与成长负责呢？尽管有些具有战略思维和组织创新的公司开设了企业大学，开放了网络课程，甚至提供场所供导师指导、培训和社交之用，但大多数公司依旧将“学习与成长”视为自觉自愿的行为。事实上公司更重要的是提供制度和文化的支持，比如创造让人们把工作变成课堂的工作环境，在那里学习者能体验到，积极的支持和挑战合二为一。

所有的学习都是必须是自主学习，只有当每个人都对自己的学习负责时，他们才会以“成长的心态”去磨炼学习的技巧。可以说，热爱学习的天性能弥补经验的不足。回想我周边优秀的企业家和经理人，几乎个个都是自主学习的高手。他们通常都擅长从自己和他人的经历中学习，善于通过对自己的体验进行回顾和反思进行学习，这样来得真切且实用。当然不是所有的经验都具有同等的发展性。比如，按照学习曲线，在刚开始工作的阶段，学习速度是最快的，随着对工作任务或者工作环境的熟悉，学习速度开始下降。另外，与能给出建设性反馈的上司一起工作，和与不能给出建设性反馈的上司一起工作相比，你的学习和成长速度也不相同。

为了鼓励员工自主学习，激发员工的好奇心和培养员工自我探索的能力，企业可以提供一些额外的工具、建议和引导。毕竟学习不限于单向的阅读数据、获取信息和知识运用，其中最重要的还是自我觉察。因为真正的领导智慧是没有办法从外面学到的，它只能通过自己领悟，而领悟最好的方式就是自我觉察，而觉察的最佳机会来自主动寻求反馈。

接受反馈，无论是从自己工作的错误中，还是从他人的抱怨和批评中，每个人都可以清楚地了解现实的自我和理想的自我之间的差距，这个差距是激励领导者学习、成长、改变的关键要素。如果这个差距对领导者很重要，并且他相信反馈的准确性，他就会努力提高自己的能力，缩小这个差距。我至今还记得有一个500强公司的研发经理，当她第一次看到同事和上司给她的反馈时那种震惊的样子。她说自己工作近10年，还是第一次如此真实地知道别人眼中的自己，很多过去无法释怀的东西瞬间化解，随后的辅导让她进展迅速，包括如何正确地面对研发失败，如何面对错误，如何面对新人，如何高效参加国际研讨会等。

如果反馈是正向的，即某人实际上在某个领域的有效性很高，则反馈结果会增强他的自信心。这样他就会寻求更多的机会去利用和进一步强化其优势。反馈不仅提供了未来发展的基准，同时激励着人们去评估自身：哪些方面做得好？哪些方面需要改进？其他人是怎么看我的？对自己来说，什么是重要的？

反馈可以来自自己，比如工作日志、觉察日志、灵感随笔。比如我自己就是通过每天早上的晨跑来进行反思和总结，前一天自己哪里做得不错，哪里做得需要调整，每次运动回来都有很多灵感，随手记录下来，时间长了，就可以清晰看到自己的成长轨迹。我在辅导客户时，也会帮助对方练习写觉察日志，定期觉察自己，无论是情绪、思维还是行为，当出现矛盾或冲突时就开始自己觉察，并把过程记录下来。这些都可以帮助自己产生自我认知，从而不断成长。

反馈也可以来自周围的同事，比如主动征询同事或上司对自己的反馈，好的反馈可以帮助人们理清需要提升的线索。比如，一个领导者了解到，其工作团队缺乏士气的部分原因在于他个人的领导风格——不愿意把重要工作授权给他人，当他渐渐意识到这源于自身的完美主义性格，那么，要提高士气，他就应该学习如何把工作放手交给他人，更多地了解自身的完美主义倾向，以便加以调整。

此外，我们可以借助专业工具来评估组织对领导者的需求。比如：领导者能力模型、领导力指标、定期回顾领导者有效性的工作坊。为了描述高效领导所需要具备的能力，组织可以用一个模型来概括高效领导者所需具备的知识、能力和视野，我们称为“能力模型”或“成功要素”。领导者的能力模型一般是根据组织层级量身定做的，因为它所需要的知识、技能和视野很广泛；并且随着个人承担更高的领导角色而改变。比如，我帮助一个集团公司建立的总监级以上领导者的能力模型，就结合了公司价值观和战略，其中包括7个方面，比如前瞻性决策、高效执行等。

在大型组织中建立能力模型的挑战在于，通用模型和区域差异之间的平衡。如果采用通用模型，有助于形成组织对领导者期望的共同理解，促进管理者评估、管理者的区域调动，以及领导者培养工具设计的一致性，从而能在整个组织内使用。允许差异是认识到在不同的文化中，相似的能力可能用不同的词语描述或体现为不同的行为，而且在不同的地区，人们对领导者的期望也不一样。

领导力指标是关于组织中领导者在数量、特征、能力、文化影响等方面的信息的集合。比如，组织中新的管理职位的增长率，为关键领导职位做好准备的候选人的数量；高潜力人才的人口统计特征；达到绩效目标的领导者的百分比；吸引最优秀候选人的能力等。综合考核不同时间段的一系列领导力指标，可以让组织认清系统中的优势和问题。例如，综合考虑360度反馈的汇总数据，可以看出组织中管理者掌握重要能力的程度如何。

回顾领导者有效性的工作坊。建立和管理一个领导者培养系统需要高层及人力资源部的共同努力。这些人需要抽出时间定期在一起评估这个系统，确定问题所在，对总目标达成共识，确定广泛的战略层面要素。比如，定期的人才盘点可以促进大家对组织现有的人才状况的了解，让大家对培养人才有共同的认识。人才盘点通常是年度化流程，与组织的战略规划日程紧密相连。此外，把领导者绩效和发展问题作为战略计划的一部分，融入年度和季度的战略绩效工作坊，将有助于提高高管的承诺和参与。

比如，通用电气克罗顿维尔领导力培训中心的常规教学课，是高层领导者们必须参加的，每季度一次的公司高级管理委员会会议不得缺席，一年举行三次的候补人员计划回顾会也要做严格的会议记录。

总之，教练管理就是营造一个员工自主、领导者支持、员工和领导者共同成长的积极学习环境。在这样的环境中，所有人都能够持续地投入学习，愉快地分享新的创意和成功体验，敞开胸怀接受反馈和建设的批评。

二、做

“纸上得来终觉浅，觉知此事要躬行”。真正的学习是一种挑战，你必须给自己设定一个似乎高不可及的目标，使之成为你的方向。从发展的角度来看，只有当把新的创意或方法应用到工作并进行验证时，真正的学习才会发生，也就是说最有效的学习是那些最具挑战性的实践经历。在传统的目标管理中人们只是关注行动和结果，很少有人关注其中的学习与成长；而教练组织则强调在行动中加上行动后反思，特别通过是对行动背后基本假设的质疑来学会提出好的问题，学习在没有正确答案时做出更好的选择，尝试新的方式。

通常人们在工作中倾向于采用自己感到自如、习惯的思维方式和行为方式。只要条件不发生变化，人们一般不会认为有必要超越自己的舒适区，发展一些新的思维方式和行为方式。教练组织会设计一系列有难度的任务来迫使人们走出自己的舒适区，挑战已有的技能、框架和方法。特别是在战略行动中，通过“X 行动”来挑战领导者发展新的能力，或者改进他们的理解方式。

那么，有哪些情境因素能够挑战人们并激励其发展呢？通常来说，主要是新事物、高难度的目标、冲突和逆境。

在战略上，我们可以根据外部客户的特征和需求进行不同的市场细分，同样，在领导者培养中，教练组织也可以根据不同的领导者群体或类型，对领导层级进行分类，从而给予不同的投入。例如，很多跨国公司关注的一个问题是，如何平衡外派领导者与本土领导者。虽然说外派领导者在进入一个新市场的早期阶段很重要，而且外派任务往往是领导者们一个发展机遇，但是从长远来看，本土领导者被认为对组织的业绩有积极的影响，因此，培养本土领导者是组织发展的必然选择。

面对不同的领导者，组织可以采用多种培养方法。从为财富500强企业培养领导人才的最佳实践中，我们总结出最有效的领导者培养方式主要包括：教练关系、挑战性任务、360度反馈、自我发展①。

教练关系。可以是学习和发展的有效助推力，因为教练关系是“学、做、教”的重要源泉，教练为领导者发展提供反馈、建议、卓越的绩效模范、新视野、鼓励和强化。教练组织把员工与领导者之间的关系看作领导者培养系统的关键支点。通过这种关系，组织中每个人的发展都受到关注。从这个角度讲，组织希望领导者通过教练提供持续的反馈以及对发展计划的设计和实施，以促进员工的发展。

挑战性任务。一直是领导者的重要学习资源。领导者培养的目标是更好地利用这种方法，精心地匹配个人与任务，也就是接受适合自己发展需要和目标的挑战，并在完成这些任务中加强对个人的评估和反馈。横向调动和接受临时任务正在日益成为领导者成长系统的一个重要技巧。教练组

① 埃伦·范：《CCL领导力开发手册》，北京大学出版社2015年版，第52页。

织通常会采用基于挑战性的项目来提升领导者的行动学习能力。比如大家聚集到一个跨部门项目团队中，一起为解决一个组织问题或客户问题而工作。比如怎样完成从单纯的产品销售到提供增值服务的销售的转型？如何提升公司的利润率？高管必须支持这个团队的工作，同时教练会在整个过程中进行持续的辅导、对话和运用精心设计的学习方式。这种项目设计的目的是在完成重要工作的同时，在工作的过程中学习。

360 度反馈。虽然反馈在组织中是一种自然发生的人际互动，但我们认为对一个人的行为、能力真诚的反馈，在很多组织中不是经常发生的，而且也不均衡。对需要获得持续的、高质量反馈的领导者，需要建立一些正式的反馈流程。比如我们推荐的一个给管理者做的年度 360 度反馈，领导者可以在项目结束或者年度结束时从团队成员和教练那里获得有效的反馈。通过实施 360 度反馈，可以获得对领导者更加全面的看法，其中不仅包括上司的观点，也包括下属、同事，甚至外部客户的看法。现在市场上有很多提供 360 度评估的供应商，不管你所在的组织使用哪种工具，结果都会对个人富有启发。如果还能把这种反馈信息与提升个人能力和组织绩效相结合，则效果倍增。

自我发展。即鼓励领导者采取一系列自发的发展活动。比如领导者可以通过参加演讲、沙龙和创新工作坊来接触外部专家，学习新的理念以及对于产业与社会趋势的研判和思考关键组织问题的框架。参加研讨会和展览会同样可以接触新的想法和趋势，还能结交专业同行，将是持续的学习和支持资源。此外，在公司内部促进跨层级的分享和讨论活动，如主题研讨会、战略工作坊、旅游研讨、高层对话、团队建设等也应该被看作领导者培养系统的一部分，因为它们让领导者接触不同的视角，强化了组织价值观，塑造开放和真诚的企业文化。

根据多年教练实践的经验，我认为建立教练关系和接受挑战性任务是领导者培养最常见、最有效的方式，特别是两者的结合，在接受挑战性任务的同时建立教练关系。虽然有些公司，特别是西方公司非常重视项目和360反馈流程，但我建议组织应该更多发挥基于教练关系和挑战性任务发展方法的优势。

比如，在联想，培养员工的方式主要有三个：员工在岗积累经验，在干中学，这种方式约占70%；学习导师、教练、经理的成功与失败经验，以及他们的指导意见与建议，这种方式约占20%；教室里或在线的正式培训，向员工教授关键的工作原则，并让员工采取行动，这种方式约占10%。实际上，基于岗位的培养和教练的方式约占80%—90%。这种方式对于提升员工的敬业度和投入度，效果十分明显。其全球员工为在联想工作而感到骄傲，并感觉深深融入其文化；特别地，他们感受到来自经理人的指导与支持。

三、教

“言传不如身教”，“教”是教练的重要责任。我们对待他人的方式会影响到他们的行为，并最终影响他对自己的评价，领导者的一言一行都会对员工带来足够深远的影响，正所谓“兵熊熊一个，将熊熊一窝”！优秀的领导不只是自己会做，而且善于教。没有不会做的员工，只有不会教的领导，会教，团队才会发展。教练重在“练”而不是单纯的“教”，要在“练中教”，如图3－14所示，员工在相

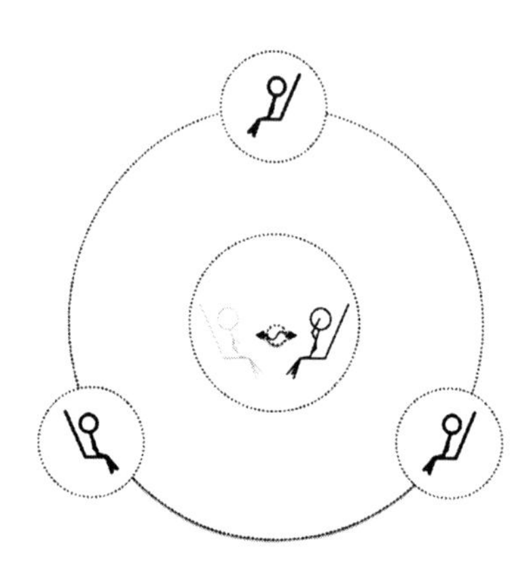

图3－14 “练中教”原理图

互练习，教练在旁边观察并提供及时的反馈，重在帮助员工在工作中学习、在实践中成长，从而形成“学做教”的良性循环。

在领导团队的章节中曾提到辅导员工中通常有四个步骤：一是我做你看，亲自做示范、分解动作；二是我讲你听，讲解其中的要点和难点；三是他做你看，并及时给出反馈；四是他做向我汇报，我提出问题并深度对话。而在培养领导者时，领导者不仅需要熟练地掌握以上方法，更需要通过沟通机制和培养机制与被辅导者建立良好的教练关系，并运用非指导性的对话支持对方学习和成长。

教练组织中的领导者都非常清楚自己在培养员工方面的责任。领导者不仅是发起人、支持者，更重要的是领导者自己需要扮演教练的角色。在教练组织中，管理者成为教练已经成为普遍的共识，培养员工已经成为管理者的核心任务。其中教练的角色和职责是：将提问作为最好的干预方法；帮助员工学会问好问题；创造一个积极的环境；帮助而不是给予；允许问题存在；促使学习发生，等等。借助于教学相长，管理者在培养优秀员工的同时自己也会成长，也使管理者自身的晋升之路变得更加宽广。员工都喜欢为愿意培养自己、帮助自己成长的上司工作。其中，上司和下属的关系是培养优秀员工的关键。

要注意的是，在布置挑战任务时，教练必须给予足够的支持，做到“高挑战、高支持”。挑战的因素会打破平衡，这是激励人们改变的需要，而教练的支持因素则能提供信号，告诉人们会在改变的另一端找到安全感和新的平衡。教练的支持能帮助人们应对发展过程中的挣扎和痛苦，帮助人们忍受挑战的沉重感，并维持对他们自身的积极态度，把自己看作能够学习并得到成长的有能力、有价值、有意义的人。

虽然表示支持的做法各不相同，而且支持对不同的人有不同的含义，但不管什么样的经历和背景，最重要的支持性资源通常来自他人，比如上司、同事、家人、教练、导师等。特别是友好的教练关系会分担你艰苦努力的经历，帮你看清前进道路上的挑战，向你提出各种应对的策略，在迷惑时让你安心，鼓励你继续努力。

教练组织非常重视领导者培养。他们真诚地相信，通过对现有领导者和未来领导者培养的投入可以推动业务的发展。因此，组织不遗余力地建立一种发展的氛围，其中包括：高层管理层的重视；认可和奖励；资源配置。可以说这些要素是领导者系统的重要组成部分，它们是系统中培养的驱动者和动力，它们对领导者培养的支持要超过培养方法的作用①。

最高管理层的重视。这些年我越来越发现，领导者培养的核心是高层管理者的重视和参与。最高管理层的参与表现在他们对人才盘点和继任管理的参与。在这些环节中，他们精心而密集地讨论领导人才，就像他们在预算会议上讨论财务问题一样。他们认识和培养组织中高潜力的领导者。他们在培养领导者的活动中提供教练和教导。他们专心培养他们所在业务单元的领导者，教练他们的直接下属，为他们提供发展机会，并积极参加他们所在单元中职位比他们低一两个级别的领导者的决策过程。

认可和奖励。认可和奖励是组织行为的另一个主要驱动力。为了创造一种培养的氛围，组织会对某些成果给予奖励。第一，组织对有效的领导行为和教练行为进行奖励。例如，在绩效管理系统中，不仅评估领导者及其团队所实现的业绩，也评估领导者在培养人才中的投入。

---

① 埃伦·范：《CCL领导力开发手册》，北京大学出版社2015年版，第41页。

资源配置。很明显，组织会在重视的方面投入更多的资源。如果领导者培养所用的资源是企业在遇到财务困境时首先会削减掉的部分，或者是削减最多的部分，这个组织就很难形成强大的发展氛围。正式培养项目的预算只是所有资源中的一小部分。管理者会花多少时间来教练和指导员工？组织在领导者培养的长期计划中投入多少？人力资源部门的人员在领导力开发方面的知识有多新？这些资源使用有多广泛？这些都能反映领导者发展的氛围。

一家企业的人才梯队发展氛围，可以通过询问如下问题获得。

- 首席执行官高度重视和支持人员的发展吗？
- 人的发展是我们整体业务战略的关键部分吗？
- 人才培养的行为会得到认可和奖励吗？
- 会不会让企业短期压力影响人才的培养活动？
- 针对人们职业生涯的关键点就培养项目制定计划吗？
- 上司会培训和辅导员工向发展目标迈进吗？
- 员工都很重视学习、成长和适应新情境的能力？

除了反思以上问题，我们还需要知道教练是交叉的、双向的，甚至是多向的。在教练组织中不仅有以老带新、人才备份，每层的领导者都需要与能力较弱的下属结成对子，进行一对一辅导。这样，组织内部每个层级的“教练”和“学习者”都在相互教练和学习，由此形成了良性教练循环，并促进更多的教学相长和知识创新。

知识产出和激发凝聚力的关键是良性的教练循环。这种交互性的教练方式，带动了组织中越来越多的人参与其中，在团结员工的同时也传播了知识。比如安利（中国）培训中心拥有上千名认证的优秀教练和专业讲师，他们不仅自己领导水平一流，业绩顶尖，还抽出宝贵的时间常年传授沟通与辅导团队的方法和经验。他们向近30万的营销人员分享了顾客沟通和团队建设的方法。营销人员将这些方法运用到具体工作中之后，产生了新的知识和新的工具，丰富了原有的知识和工具，提高了沟通的效率。随后，营销人员又把这些信息反馈给教练和讲师。这样就构建一个良性的学习循环。

因此，除员工和高层管理者重视发展以外，组织还需要精心设计与之相一致的领导者培养系统。教练管理使得组织将领导者培养和组织更大的人才培养系统整合起来。人才培养是组织吸引、培养和留住有才能的忠诚员工以及组织在现在和未来获得成功所需要的员工的整体系统。领导者培养只是组织教练文化的一个部分，改变一个组织共同的教练理念和领导方式不仅需要个人发展，还需要团队以及组织自身的发展。因此，组织的领导者培养系统也需要与发展和改善其领导文化的努力保持一致。

通用电气（GE）前CEO杰克·韦尔奇退休时，给接班人杰夫·伊梅尔特留下的是世界一流的教练型组织，在这个组织中，人人都在教练、学习，因而变得聪敏。良性教练循环是保证通用电气有效运作的动态流程，而杰夫·伊梅尔特作为CEO，本身就是教练型组织的受益者，他相信，作为一名通用电气的领导者，最重要的能力就是成为一名教练。

教练型组织开始不仅存在于高层，也遍及组织各处。百胜集团借助正式的培训项目和数以千计的培训课程，向公司及经销商的共计75万名员工推广教练的概念。在联想，教练式领导统一在“组织和人力资源规划”评审的框架下实施。2012财年，联想针对全球每个业务单元和部门完成了“组织和人力资源规划”评审。通过评审流程，联想不仅强化现有的领导团队，而且发现新一代领导者，为公司发展积累后劲，以应对关系公司长远发展的新机会。在“组织和人力资源规划”评审的基础上，确定人才和组织能力的培养议程。为了帮助高级管理者提升其全球化领导能力，联想集团建立了一个面向其全球副总裁的“教练库”。入库的都是与联想签约的全球知名企业教练。联想副总裁级别的高管根据每个教练的背景和个人的情况，挑选合适的教练，这些教练会对他们进行一对一的辅导。

可以说，优秀的领导者不仅重视自身发展，致力于帮助下属成长，还重视与下属共同成长。当员工看到高层领导不断成长，那组织的氛围就会发生变化，它会消除高层领导与员工之间的障碍，领导者能够加入下属的阵营，从而不仅使高层领导更加平易近人，而且会向组织的每个人传递清晰的信息：成长是第一要务。

我们看到，教练管理的实践，首先是从领导者自己的成长开始，无论你是谁，如果你愿意对自己的成长负责，就开始了领导力的发展之旅。教练管理就是不断地提升自己，同时帮助周围的人提升自己，优秀的领导者从来不放弃任何向他人学习并且教导他人的机会。比如有一次在青岛我和一个企业家早起跑步时，他会从人行道上捡起塑料包装袋子，尽管早上没有人看到，但他的这种领导行为已经影响到他们公司所有的管理者：重视环境的保护。他对我说：“如果你从问题旁边经过却视而不见，不管这件事多么微小，你作为一名领导者都树立了一个新的标准。”对他来说，再小的事情都要做到，因为他认识到自己的所作所为一直都在教导他人。

这些领导者每天都将学习放在心上，无论是召开会议并在会议中展开“群策群力，开放对话”；接受教练的一对一辅导并立即采取行动；举办供应商联谊会并分享最新体会；参加读书会、定期安排标杆学习之旅，访问其他企业，尤其是所属产业之外的企业并在回来后将自己所学传授给其他人等。这与微观管理无关，优秀的领导者一直在发挥自己领导者/教练的作用，他已经生活在良性的梯队建设循环之中：领导自己—领导团队—领导组织。

教练管理的理念是，真正的管理是所有人都能贡献自己的力量，真正的快乐和满足来自学习和教导。企业的可持续发展必须建立在尽可能多的人不断提高教育水平之上，这需要全世界的企业和企业领导者对人文环境的关注和人力资本的投入，付出更多的努力！

A Coach-way Management

参考文献

[1] 斯蒂芬·罗宾斯 :《管理学》，中国人民大学出版社 2003 年版。

[2] 彼得·德鲁克:《管理的实践》，机械工业出版社 2006 年版。

[3] 凯文·凯利:《失控—全人类最终命运和结局》，新星出版社 2010 年版。

[4] 拉姆·查兰:《引领转型》，机械工业出版社 2014 年版。

[5] 张培刚:《农业与工业化》，中国人民大学出版社 2014 年版。

[6] 郭咸纲:《西方管理思想史》，北京联合出版公司 2014 年版。

[7] 彼得·圣吉:《第五项修炼》，中信出版社 2011 年版。

[8] 德内拉·梅多斯:《系统之美》，浙江人民出版社 2012 年版。

[9] 李稻葵:《重启: 新改革时代的中国和世界》，中国友谊出版公司 2014 年版。

[10] 吴敬琏:《中国增长模式抉择》，上海世纪出版社 2013 年版。

[11] 谢德荪:《源创新》，五洲传播出版社 2012 年版。

[12] 管益忻:《核心竞争力》，中国财政经济出版社 2002 年版。

[13] 奥托·夏莫:《U 型变革》，浙江人民出版社 2014 年版 。

[15] 诺埃尔·蒂奇:《领导力循环》，浙江人民出版社 2014 年版。

[16] 埃伦·范:《CCL 领导力开发手册》，北京大学出版社 2015 年版。

[17] 彼得·詹森:《唤醒》,江西人民出版社 2015 年版。

[18] 克里希那穆提:《论关系》,中信出版社 2013 年版。

[19] 马歇尔·卢森堡:《非暴力沟通》,华夏出版社 2015 年版。

[20] 加里·内斯纳:《FBI 高难度谈判课》,中国友谊出版公司 2015 年版。

[21] 陈春花、赵曙明、赵海然:《领先之道》,机械工业出版社 2014 年版。

[22] 马斯洛:《动机与人格》。

[23] 陈春花:《我读管理经典》,机械工业出版社 2015 年版。

[24] 卡尔·R·罗杰斯:《罗杰斯著作精粹》,中国人民大学出版社 2006 年版。

[25] 彼得·德鲁克:《人与绩效》,机械工业出版社 2015 年版。

[26] 拉姆·查兰:《领导梯队》,机械工业出版社 2011 年版。

[27] 迈克尔·E·雷纳:《从卓越到超凡》,新世界出版社 2015 年版。

[28] 黄卫伟等:《以奋斗者为本:华为公司人力资源管理纲要》,中信出版社 2014 年版。

[29] 艾尔弗雷德·斯隆:《我在通用汽车的岁月》,华夏出版社 2005 年版。

[30] 库泽斯、波斯纳:《领导力》,电子工业出版社 2013 年版。

[31] 郭凡生:《中国模式—家族企业成长纲要》,北京大学出版社 2009 年版。

[32] 费罗迪:《关键人才决策—如何成功搜猎高管》,机械工业出版社 2014 年版。

[33] 鲍勃·卢茨:《绩效致死—通用汽车的破产启示》,中信出版社 2013

年版。

[34] 德内拉·梅多斯:《增长的极限》,机械工业出版社 2013 年版。

[35] 拉姆·查兰:《CEO 说:像企业家一样思考》,机械工业出版社 2012 年版。

[36] 约翰·麦克维尔:《领导力的 5 个层次》,金城出版社 2012 年版。

[37] 艾克哈特·托利:《当下的力量》,中信出版社 2007 年版。

[38] 休斯顿·史密斯:《人的宗教》,海南出版社 2013 年版。

[39] 托马斯·麦克劳:《创新的先驱:约瑟夫·熊彼特传》,中信出版社 2010 年版。

[40] 弗朗西斯·赫塞尔本:《未来的组织—全新管理时代的愿景与战略》,中信出版社 2012 年版。

后记

一

在很多人的印象中，企业家是这样一群人：光鲜的生活、大权在握、忙忙碌碌、运筹帷幄……在我20年的教练咨询生涯中，企业家们却有着另一番面孔：整天疲于奔命、生活没有规律、健康严重透支，除了工作还是工作，除了压力还是压力。

还记得无数的晚上，每当我与企业家促膝长谈时，总能听到企业家对未来的畅想和对现状的不满，谈到未来时充满希望，谈到现状时却有深深的无力感：既有对过去成就的一种骄傲和自豪，又有对未来深深的忧虑。一面是动荡的环境：经济形势复杂多变，新技术、新模式蓬勃涌现。一面是严峻的现状：人才与业务发展的不匹配，组织与战略的脱节，家庭和事业的不平衡，个人时间和精力的分配，部门之间的内耗。一心求生，却似乎被捆住了手脚……在深夜，他们如孑孓彷徨的幽灵。对此我感同身受。做企业谈何容易！创业之苦，守业之难，拓业之艰，诚如孟子所言：苦其心志，饿其体肤，劳其筋骨，方得进步。

二

每个企业都是从单一个体、单一产品、单一客户、单一市场开始的，此时企业家还能从容应对，随着人员的增加、产品的革新、客户的增多、市场的多元，企业管理也开始变得越来越复杂，发展瓶颈也会渐渐显露如——

- 人才捉襟见肘。关键岗位的人才匮乏，人才储备青黄不接。
- 业务发展不平衡。基础管理薄弱，信息系统混乱，外部的市场发展和内部的运营不匹配，业务增长后继乏力。
- 能力与目标差距加大。每年都在定目标，现实却是寅吃卯粮，月月订目标，月月不达标。
- 领导人才的缺失。创业元老们勇气有佳，胸怀不足，我行我素、个人英雄主义，既不培养团队、也无法培养人才，后继乏力。
- 员工抱怨增加。迫于领导人的淫威，员工阳奉阴违，当面不说，背后牢骚满腹。
- 管理模式的困惑。没有形成自己的管理模式，缺乏系统建设，企业家随心所欲，拍脑袋决策。
- 企业文化的迷茫。企业文化就是老板文化，而老板也没有明确的价值主张，大部分都是钱说了算，怎么赚钱怎么做。

……

在中国，太多的企业都处于这种缺资本、少技术、弱品牌、难传承的困境之中：一方面难以做大，一方面一做大就出问题。据最近数据显示，中国中小型企业的平均寿命只有3.7年，能经营10年以上的企业都很少见，更不要说基业长青。而欧洲和日本企业平均寿命为12.5年，美国企业为8.2年，德国500家优秀的中小企业有1/4都存活了100年以上。

经过多年的思考和实践，我发现，一家企业要突破瓶颈，实现永续经营，最核心的是：升级管理思想、突破管理理念、聚焦人的价值！通过培养既懂经营又懂管理的领导者，来持续释放“人”的潜能，从而进一步提高生产力。技术迭代发展，市场的瞬息万变，外部环境越来越不确定，唯有卓越的管理才能让企业随变化而变化，甚至引领变化。

传统的管理方式正在终结，现代企业需要真正的管理创新，这种管理创新能够使得企业无论业绩如何增长、员工人数如何扩大、市场如何变化，创业者的身体状况如何、政策如何调整，都能应对自如，稳健发展。

三

从小就对管理思想、管理智慧充满浓厚兴趣的我，自从 1999 年接触到教练技术后，便致力于把教练技术融入到现代管理中。通过近 20 年的实践结合，过去管理理论的精华，逐步发展出“教练管理”的核心思想、基本原理、理论框架和实用模型。回想起第一次接到出版社的邀请到本书成稿已有两年的时间，而其中的构思和总结却在过去的工作中从没有中断过。当然由于我本人才疏学浅，加上时间有限，这些文字都是我在企业教练和辅导期间点滴的时间书写而成，有很多不足之处，还望大家海涵。

感谢一路上所有对我默默支持和帮助的老师、伙伴和客户。没有他们无私的分享和充满激情的实践，就没有我思想的火花。在此，我要特别感谢复旦大学出版社的章永宏先生，他的专业素养和对工作的激情，使得我们的每一次对话都会碰撞出新的火花。他的思路严密、逻辑性强，让我不敢有半点马虎。我还要感谢以下杰出的商业领袖和卓越的企业家，俞敏洪、郭凡生、张瑞敏、任正非、雷军、顾仁发、蔡长乐、蒋建林、武英华、刘方毅、张良华等，他们无私分享了很多真知灼见和敏锐洞察。此外还要感谢对我的管理思想形成有影响的管理大师们，彼得·德鲁克、吴敬琏、厉以宁、张培刚、陈春花、罗伯特·S·卡普兰、戴维·P·诺顿、约翰·麦克斯维尔、拉姆·查兰等，本书中很多灵感都源于他们的智慧。另外，我还想感谢我事业的合作伙伴和长期的搭档，刘海琳、Sasha Lee、陶琳等，在无数个项目艰难挑战中她们的奉献和付出，是我们前进的动力。特别感谢我的助理 Alva，书中所有的精致图示都得益于他的努力。当然，我更想感谢我的家人、我的夫人、父母和儿子，他们是我坚强的后盾，无论我走到哪里、走得多远，他们的支持、理解和付出是我得以全身心投入工作的生命动力，我深深感受到他们的爱。最后，我还要感谢我的所有的同事、学生，所有的伙伴、老师，还有亲爱的读者朋友，衷心感谢你们的支持和反馈以及为此投入的时间和精力，你们的睿智总是不断地在启发我。

附录

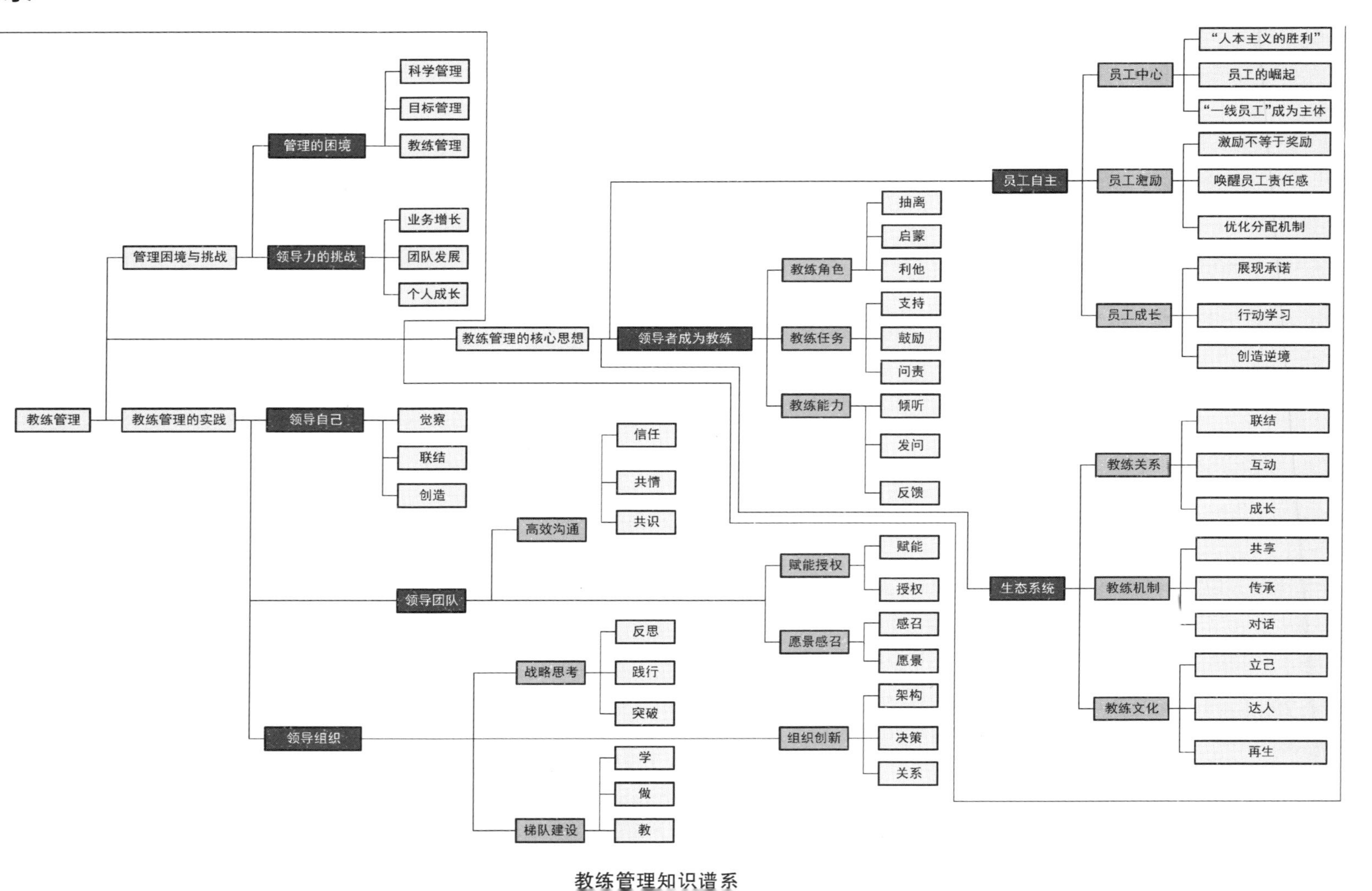

教练管理
管理困境与挑战
管理的困境
科学管理
目标管理
教练管理
领导力的挑战
业务增长
团队发展
个人成长
教练管理的核心思想
领导者成为教练
教练角色
抽离
启蒙
利他
教练任务
支持
鼓励
问责
教练能力
倾听
发问
反馈
员工自主
员工中心
“人本主义的胜利”
员工的崛起
“一线员工”成为主体
员工激励
激励不等于奖励
唤醒员工责任感
优化分配机制
员工成长
展现承诺
行动学习
创造逆境
生态系统
教练关系
联结
互动
成长
教练机制
共享
传承
对话
教练文化
立己
达人
再生
教练管理的实践
领导自己
觉察
联结
创造
领导团队
高效沟通
信任
共情
共识
赋能授权
赋能
授权
愿景感召
感召
愿景
领导组织
战略思考
反思
践行
突破
梯队建设
学
做
教
组织创新
架构
决策
关系

教练管理知识谱系

图书在版编目(CIP)数据

教练管理:激活组织的新范式/周华宏著.—上海:复旦大学出版社,2016.3
(互联网+与企业创新)
ISBN 978-7-309-12013-4

Ⅰ.教… Ⅱ.周… Ⅲ.企业管理 Ⅳ.F27

中国版本图书馆CIP数据核字(2015)第297245号

教练管理:激活组织的新范式
周华宏 著
责任编辑/章永宏

复旦大学出版社有限公司出版发行
上海市国权路579号 邮编:200433
网址:fupnet@fudanpress.com http://www.fudanpress.com
门市零售:86-21-65642857 团体订购:86-21-65118853
外埠邮购:86-21-65109143
浙江新华数码印务有限公司

开本787×960 1/16 印张13.75 字数153千
2016年3月第1版第1次印刷
印数1—4 100

ISBN 978-7-309-12013-4/F·2227
定价:40.00元
